Para as Crianças de Agora

uma perspectiva artístico-existencial

7 COLEÇÃO
PERSPECTIVAS EM CENA

Supervisão de texto LUIZ HENRIQUE SOARES E ELEN DURANDO
Preparação de texto SIMONE ZACARIAS
Revisão de provas LUIZ HENRIQUE SOARES
Capa e projeto gráfico SERGIO KON
Produção RICARDO NEVES E SERGIO KON

MARINA MARCONDES MACHADO

Para as Crianças de Agora

uma perspectiva artístico-existencial

PERSPECTIVA

CIP-Brasil. Catalogação-na-Fonte
Sindicato Nacional dos Editores de Livros, RJ

M132p
Machado, Marina Marcondes
Para as crianças de agora : uma perspectiva artístico-existencial / Marina Marcondes Machado ; [Carminda Mendes André, apresentação]. - 1. ed. - São Paulo : Perspectiva, 2023.
224 p. ; 21 cm. (Perspectivas em cena ; 7)

Inclui bibliografia
ISBN 978-65-5505-149-0

1. Educação de crianças. 2. Arte na educação. 3. Teatro e crianças. 4. Teatro na educação. I. André, Carminda Mendes. II. Título. III. Série.

23-83714 CDD: 372.66
CDU: 373.2:792

Gabriela Faray Ferreira Lopes - Bibliotecária - CRB-7/6643
24/04/2023 27/04/2023

EDITORA PERSPECTIVA LTDA.

ALAMEDA SANTOS, 1909, CJ. 22
01419-100 SÃO PAULO SP BRASIL
TEL.: (11) 3885-8388
WWW.EDITORAPERSPECTIVA.COM.BR

2023

para todos aqueles
que viveram o confinamento
no ano de 2020 –
em especial,
mães com crianças pequenas
e atrizes e atores idosos

Sumário

APRESENTAÇÃO

À Amizade

Marina Marcondes Machado sempre foi uma referência para mim com relação à pedagogia do teatro. Mas não só – sou apaixonada por sua dramaturgia performática. Desde que nos conhecemos ficamos amigas. Amizade daquelas nas quais podemos passar tempos sem ver… e, quando encontramos, parece que acabamos de nos falar.

Certo dia recebi a grata surpresa do pedido para a supervisão de seu segundo pós-doutoramento no Programa de Pós-Graduação em Artes do Instituto de Artes da Unesp, do qual esta publicação é fruto. Muitos desejos foram traçados entre nós, tais como realizar cursos e encontros com estudantes; sua estada em São Paulo seria uma alegria para mim. Mas a pandemia mudou nossa rota, e tudo se fez *on-line*. Mas Marina não é gente que se abate e, como uma leoa, trabalhou em sua pesquisa e organizou este maravilhoso material acadêmico e artístico. Para mim, foi uma alegria saber que poderia me encontrar, pela telinha, ao menos uma vez por mês, com minha querida amiga.

Da amizade transbordam afetos profissionais, vontade de fazer projetos em parceria, lugar onde estamos agora.

Aprendi muito com Marina, que tanto se dedica ao tema da infância.

Muito se tem falado sobre o péssimo desempenho de nossa escola, principalmente a escola pública. O dedo aponta ora para o Estado, com sua insuficiente política para fortalecer a educação básica, ora para a má formação dos professores. Penso que as duas coisas se retroalimentam. Sem uma política pública não há salários, não há plano de carreira, não há instalações decentes nos espaços de aprendizagem, não há comida boa na merenda. Porém, sem uma sólida formação dos educadores e funcionários, nada prospera – mesmo com ótima situação material.

Mas o que seria "formação"? A tendência é pensar em cursos superiores e em cursos de formação continuada, mestrados e doutorados, enfim, um campo técnico e teórico. Tudo isso é muito importante. Como avançar a educação sem conhecer as transformações sociais, econômicas e políticas do mundo em que vivemos? Como qualificar os conteúdos e métodos sem conhecer o que os outros colegas estão produzindo? Sem acompanhar as tendências pedagógicas ao redor do mundo? Marina pensa e nos faz pensar em tudo isso, apenas como pano de fundo. Ela destaca questões/brinquedos que muitas vezes ficam guardados nos armários das escolas... esquecidos, abandonados. Na linguagem de Marina, brinquedos-sucata.

Uma dessas questões/brinquedos é o modo como o educador/adulto olha para o aprendiz/criança. A criança é *performer*, afirma a autora. Partindo da observação fenomenológica de como as crianças vivem em "momentos de espera, em locais de passagem nos quais se encontram junto a adultos (espera de ônibus, da perua escolar, da entrada para o teatro etc.)", Marina constatou em seu primeiro pós-doutorado que as crianças "simplesmente vivem o momento, na companhia dos adultos que esperam". Ou seja, a criança "busca usufruir o tempo do aqui-agora", mergulhar nas "experiências dos arredores". Diferente do adulto, que vive na pré-ocupação mental, a criança está ativa em sua presença corporal e imagética.

Outra posição que Marina sustenta diante da criança é acolher seu protagonismo; percebe que a criança nem sempre responde de acordo com as teorias das faixas etárias. O que se pode ver na criança é novidade, ou ainda, uma singularidade em movimento. A partir das discussões da fenomenologia, Marina não partilha da ideia de que exista um "mundo da criança". "O mundo é o mesmo", "o que difere são as maneiras de ser e estar, os modos de habitá-lo". Portanto, os adultos hão de aprender a ver a criança diferentemente daquele modo em que a criança é um ser faltante (aquilo que "ela não tem ou não desenvolveu 'ainda'") e que precisa ser preenchido pelo educador. O que caberia aos adultos seria apresentar a essa singularidade-criança o mundo em pequenas doses.

Marina nos mostra um adulto embrutecido e, por isso, embrutecedor. A partir daí podemos pensar a formação do educador. Tratar-se-ia de uma formação que embrutece e ensina a embrutecer?

Trago uma narrativa que aconteceu quando cursava a antiga sexta série do ginásio, na década de 1970:

> Eu tinha aproximadamente doze anos. Estudava em um colégio de freiras, muito moderno, com excelente sistema de ensino. Eu adorava ir para a escola.
>
> Em nosso colégio havia um laboratório de química e física e outro de biologia.
>
> Outro diferencial do colégio: a cada aula, nós, estudantes, é que mudávamos de sala. O professor tinha sua sala e íamos até ele. Era uma delícia! A cada final de aula sabíamos que iríamos caminhar um pouco, conversar um pouco, rir um pouco. E entrar em uma sala que era sempre um mistério.
>
> Aquele dia saímos rumo ao laboratório de biologia. Aquela aula abordaria o funcionamento do corpo humano. Ficamos eufóricos, pois na semana anterior a professora disse que teríamos uma surpresa no laboratório.
>
> Eu tinha uma amiga do peito. Estávamos sempre juntas. Entramos no laboratório, e a professora nos colocou em fila. Passávamos por alguns experimentos de que não mais me lembro. E chegamos ao coração.
>
> Havia um hamster aberto, com o coração batendo. A professora, empolgada, chamava nossa atenção para o coração do bicho batendo.
>
> A princípio percebi o coração batendo. Depois olhei o todo: um ratinho lindo aberto, amarrado pelas quatro patas, aberto. Dormia? Estava me vendo? Perguntei incomodada à professora se ele sentia dor. Ela respondeu que não, pois estava anestesiado. Olhei novamente para o bichinho e perguntei:

depois de acordar ele vai viver? Já constrangida talvez com minha reação, a professora foi sincera: não, ele não viveria.

Meu mundo caiu. Sentei na carteira que havia perto e comecei a chorar, falei que não queria ver mais nada, pois o ratinho iria morrer e eu não queria que ele morresse. Em seu constrangimento, mas reconhecendo minha sensibilidade, a professora me prometeu que iria costurar o ratinho para ele viver novamente. Promete!? Prometo, respondeu a professora. E aí continuei, mas tinha medo de deparar com outra cena que para mim fosse terrível.

Nunca mais esqueci a estupidez do mundo adulto, seu modo de fazer ciência estúpido e cruel, o que tento combater até os dias de hoje, já com quase sessenta anos.

Pergunto aos leitores: será que o pensamento científico transformou seu modo de apresentar o mundo da ciência para os escolares? Podemos alegar que por causa do empobrecimento da escola básica não mais temos laboratórios. Mas o que desejo é apontar para a sensibilidade embrutecida da professora, sua visão de "experimento científico" e, principalmente, sua visão (ou cegueira) diante da criança que, inocentemente, estava ali para receber ensinamentos. Penso ser essa uma das questões/brinquedo que Marina retira do armário, em plena reunião pedagógica, causando constrangimentos.

Assim podemos esboçar uma formação de educadores no campo filosófico. Como pensamos o mundo? Como apresentá-lo às crianças pequenas e para as mais crescidas? Como fazer tudo isso *com* elas? E não *apesar* delas, como fez minha professora.

Por sorte o mundo não é algo acabado, que permite ao adulto apresentar, com suas certezas absolutas, imagens definitivas de realidade. Se não quisermos mentir a nós mesmos e às crianças, temos que admitir apenas interpretações do mundo. O que podemos é mostrar pluralidade de valores (éticos, morais, estéticos). Como pensar em amar a natureza para superar a nociva relação de destruição que vivemos no capitalismo avançado, se levamos ratinhos abertos para as crianças apreciarem como se fossem bonequinhos que se usa e joga fora? Se o educador não carrega esse valor em si, como transmiti-lo? Como falar da solidariedade com os indígenas se abrimos ratinhos só para as crianças olharem o coração batendo, coisificando o que é natureza viva? Se o educador não perceber essas sutilezas em seu pensamento, ele reforçará a ideia de que a natureza nos serve e de que somos superiores a ela. De que não somos natureza, portanto.

Nossa autora vai, mais uma vez, até o armário esquecido e retira outra questão/brinquedo para nos refazer: a imaginação. E Marina é danada, pois ao final de seu trabalho ela nos oferece um glossário com os termos que usa. E, como não poderia faltar, lá está a imaginação:

> Afinada com Winnicott, posso dizer que imaginação é aquilo que acontece quando visitamos, frequentamos, ocupamos o espaço potencial – assim, a imaginação não seria sinônimo de devaneio nem de fantasia, pois constitui um fenômeno relacional, entre pessoas, entre o campo subjetivo e o mundo compartilhado. Em afinação com Merleau-Ponty, a imaginação é um dos modos de ser e estar no mundo, uma relação afetiva com as coisas, um modo de consciência emotiva, que não se dá por si mesma (ou seja, não é ensimesmada) – precisamos de contextos e situações para podermos aprender a imaginar. Já na chave de Ricoeur, a imaginação pode ser reprodutiva e ideológica, mas também produtiva e transformadora.

Muitos já disseram o que vou dizer, mas não custa repetir: se não estamos satisfeitos com o mundo em que vivemos, e desejamos mudá-lo, como fazer se não temos imaginação? Como sonhar com um novo mundo se não imaginamos?

Mas imaginar aqui não será compreendido como um ato solitário, um formar imagens sem âncora na vida.

Imaginar como experiência é algo que nos transpassa, como nos faz ver Jorge Larrosa.

Imaginar é o pensamento do coração, como nos faz ver James Hillman.

Imaginar é pensar com o coração e com o corpo todo – é algo gestáltico.

Imaginar é ver o mundo sem as travas pré-conceituais e, a partir desse estado de corpo-alma, poder mudar os significados daquilo que nos cerca. Não precisamos destruir o que aí está, mas, antes, redirecionar seus usos. Um professor que exercita a imaginação em sua prática pedagógica está apresentando ao estudante um mundo aberto, possível de muitas significações. Um mundo inacabado e, por isso, reinventável.

Nossa autora, nessa delícia de trabalho, nos oferece um pequeno mosaico de ações poéticas a serem vivenciadas pelo adulto (professores, pais) para que possa compartilhar com a criança. No que chama "Teatro de Um Só/Exercícios de Agachamento Poético [fortifique suas imaginações para as próximas quarentenas]", Marina Machado nos doa pílulas de poesia cotidiana:

> Manhã, Tarde e Noite
>
> Aguarde por um dia de sol. Vista shorts e camiseta. Pegue um cubo de gelo no congelador e o coloque em um pires; vá em seguida para o sol. Em pé ou sentado, observe como o gelo derrete. Ao final do derretimento, feche os olhos e beba a água do pires, resultado do gelo derretido. Sinta o gosto: água ou gelo? De gelo ou de água? À noite, erga a cabeça para o céu e conte para a lua como foi a experiência. Na tarde de um outro dia, conte para crianças o que você andou fazendo e o que imaginou: entre o sol, o gelo, a água do gelo derretido e a lua. Importante: A lua respondeu?

Seu trabalho é provocante, criativo, sagaz. Viagem ao subsolo de nós mesmos, um reencontro com a infância – dentro e fora de nós. Entre.

Carminda Mendes André[1]

1 Colaboradora do programa de Pós-Graduação em Arte no Instituto de Artes da Unesp. Acredita que a vida é para ser vivida por inteiro: não aderiu a especialidades no campo das artes, considera-se híbrida e viajante pelo mundo acadêmico. É autora de livros e artigos sobre teatro e pedagogia teatral.

INTRODUÇÃO

Quem Sou e Como Construí a Perspectiva Artístico-Existencial

– *Arte é depoimento.*[1]

GERAÇÕES[2]

De vinte em vinte anos / Aparece no mundo uma nova geração / Mas de quarenta em quarenta / É que todas as ideias se repetem

Por isso não tenha medo / Quando a sua filha é tão maluca quanto a sua mãe / Quem sabe os seus netinhos não vão ser / Tão caretas quanto você

De vinte em vinte anos / Aparece no mundo uma moda nova / Mas de quarenta em quarenta / É que todas as ideias se repetem

Por isso não tenha medo / Quando a sua filha acredita nas ideias da sua mãe / Cuide dos seus netinhos / Para que no futuro eles possam lhe defender

O mundo é isso mesmo / A vida é isso mesmo / O dia de anteontem é / Igual ao dia de agora

É tudo desse jeito / E na natureza / Nada se cria / Tudo se transforma

1 Nise da Silveira, segundo Ilo Krugli.
2 Zé Rodrix, *Corrida do Ouro*. Som Livre, 1974.

> De vinte em vinte anos / Aparece no mundo uma ideia nova / Mas de quarenta em quarenta / É que todas as ideias se repetem
>
> Por isso não tenha medo / Quando sua filha fica do lado da sua mãe / Faça com que ela se case / Pra ter muitos netinhos iguais a você
>
> O mundo é isso mesmo / A vida é isso mesmo / O dia de anteontem é / Igual ao dia de agora
>
> É tudo desse jeito / E na natureza / Nada se cria / Tudo se transforma

Embora saiba que para alguns a canção de Zé Rodrix pode soar datada, para outras pessoas, machista ou sexista, e, para outros ainda, por demais comercial (foi trilha de novela), escolho abrir a introdução deste livro com ela para revisitar o contexto dos anos de minha juventude – década de 1970 – e seu estilo, um tipo de humor e gosto pelo deboche mostrado a partir do interlocutor invisível na canção, incomodado com as transformações – éticas, afetivas, sociais… Transformações que o compositor afirma serem ondas de idas e vindas, com quarenta anos de intervalo para as voltas dos (antes novos) paradigmas.

▪ ▪

Esta introdução situará o projeto deste livro, que apresenta meu pensamento sobre arte e infância, bem como a dramaturgia de um inusitado Teatro de Um Só, criada durante nove meses, em um tempo alterado pela pandemia do novo coronavírus, no ano de 2020. Em camadas escritas e vividas em possíveis linhas do tempo, proponho a interface entre a psicanálise e a fenomenologia – apostando em um uso criativo das ideias de Donald Woods Winnicott e Maurice Merleau-Ponty.

Com temperos de Paulo Freire e contando, também, com a companhia de Gaston Bachelard e Paul Ricoeur, a fenomenologia da criança e a discussão da perspectiva artístico-existencial serão formas de andar, correr e saltar para dentro de relações de solicitude entre adultos e crianças.

Os Projetos

Este livro é o resultado de uma pesquisa de pós-doutorado. O primeiro projeto desenhado, e aprovado, para ser um pós-doutoramento no Instituto de Artes da Unesp e sob supervisão de Carminda Mendes André, intitulava-se "Perspectiva artístico-existencial: Espirais entre arte e infância, psicanálise e fenomenologia", e possuía um eixo teórico-prático bem definido, com três braços na Extensão universitária; seriam momentos de compartilhamento de meus textos, de modo que, a partir da dialogia, eu escreveria um livro partindo de uma revisão bibliográfica de meu pensamento, especialmente na última década. O período de gestação do livro, naquele projeto, foi pensado propositalmente como uma gravidez: nove meses, de abril a dezembro, em um cronograma feito por trimestres. Em março de 2020 tramitava a burocracia interna, tanto na UFMG, minha universidade de origem, quanto na Unesp, quando fomos surpreendidas pela suspensão das aulas, na iminência do isolamento social e decreto do período de quarentena.

Revimos o projeto, como escrita de livro no modo *home office*/ em trabalho de gabinete. Obviamente isso gerou impacto – sobretudo em meu estado de espírito, uma vez que estar presencialmente na Unesp me enchia de expectativa, com a aposta em um tipo de semeadura no qual o processo de escrita do livro seria a colheita daquele tempo de troca e convívio com os estudantes da graduação e pós-graduação em Artes, nos braços da Extensão universitária. Lentamente, elaborei outra hipótese para o desafio de escrita, que, ainda assim, encarnasse propositivas no tripé fenomenologia, arte e infância.

A colheita, neste segundo projeto agora concretizado em livro, acontecerá depois da publicação, mediante leitura, debate e retorno dos leitores praticantes dos exercícios de agachamento poético – marca da minha experiência de quarentena, no ano de 2020. Sem abrir mão de divulgar a perspectiva artístico-existencial, o lastro do projeto "de gabinete" expandiu-se, encontrando lugar em reflexões e experiências formativas com adultos – especialmente educadoras da pequena infância. O desejo é de continuar praticando a fenomenologia da criança como método de investigação, questionamento e acolhimento das infâncias concretas, cotidianas, brasileiras.

A partir de uma hipótese diagnóstica de que muitos adultos se encontram com extrema dificuldade para imaginar, alguns deles inclusive reprovando a imaginação das crianças e dos jovens (em nome de algo negativo que chamei de realismo, em sentido estrito), meu trabalho voltou-se para a criação de textos, microdramaturgias a serem lidas e "praticadas" – mais do que encenadas – pelo adulto leitor.

O desafio proposto é a visita adulta, por meio da palavra poética, às maneiras de ser e estar das crianças pequenas, para encher-se de memórias e imaginações. Transbordar-se. Assim, o resultado esperado das visitas, práticas de exercícios de agachamento poético, acontecimentos entre abrir e fechar os olhos para imaginar situações, será a proximidade e a compreensão de como as crianças vivem o mundo compartilhado.

O lugar que quero habitar junto ao leitor pode ser sintetizado, insistirei ao longo das páginas, pela palavra *solicitude*.

Para Situar a Invenção da Perspectiva Artístico-Existencial

Quando Comecei a Ler Donald Woods Winnicott: Anos de 1980, Empirismo e Cultura Jovem Paulistana

Durante o ano de 1983, entre 21 e 22 anos de idade, trabalhei em uma escola peculiar, organizada como cooperativa, formada por pais e professores em São Paulo, chamada Curió. Aquele foi meu primeiro emprego formal, embora "informal", uma vez que o contrato era frágil. No entanto, a remuneração era boa, e os modos de funcionamento da equipe, muito interessantes, porque democráticos: gestão compartilhada, fóruns de discussão, pais muito próximos. Foi nesse momento de vida e a partir desse trabalho, no qual me dedicava a ser professora em um grupo de crianças entre um e dois anos de idade, que descobri o psicanalista inglês Winnicott, ao ser apresentada, em um grupo de estudos, a duas de suas obras: *O Brincar e a Realidade*[1], seu último livro e que tornou-se um ícone de seu pensamento, e *A Criança e Seu Mundo*[2], um livro para pais e educadores, vertente importante do trabalho do psicanalista que manteve programas de rádio para leigos, falou para inúmeras plateias, além de desenvolver, por décadas, sua prática em hospital público, em Londres.

No final de 1983 a escola Curió fechou (a continuidade do projeto resultou na Escola Alecrim), e fui trabalhar na Escola Carlitos, com crianças entre dois e três anos. O mais curioso naquelas seleções de emprego: era escolhida por ter experiência com o teatro, com o ensino de "arte integrada" na Casa do Ventoforte, e também por saber brincar. Brisa, vento, pegada do início da década de 1980: eu tinha abandonado meus estudos universitários, e esse fato não impedia que eu fizesse parte da equipe de duas escolas de educação infantil prestigiadas (no jargão da época, "pré-escolas alternativas").

Trabalhei na Escola Carlitos por um semestre; terminei por pedir demissão por ter ficado grávida de filhos gêmeos, fato que dificultaria, no futuro imediato, a lida com crianças pequenas no segundo semestre daquele ano (1984). Infelizmente, no mês de julho perdi os bebês – marco importante e forte de minha biografia[3].

1 Infelizmente, na época, li Winnicott na edição da Imago (Rio de Janeiro, 1975) com muitos problemas de tradução. Felizmente, há bem pouco foi publicada no Brasil uma nova edição muito bem cuidada (São Paulo, Ubu, 2019).

2 Também em edição da Imago, de 1982.

3 Esse trágico acontecimento em minha biografia resultou em um trabalho de encenação e posterior publicação da dramaturgia tematizando a perda gestacional.

Para ter meu filho com saúde, na gravidez seguinte, precisei ficar em repouso do quinto mês de gestação em diante. Naquele momento, *O Brincar e a Realidade* tornou-se meu livro de cabeceira. Assim, muito jovem e grávida, me dediquei à leitura da psicanálise de crianças tal como pensada por Donald Woods Winnicott. Ao mesmo tempo, confeccionava brinquedos de pano, bem como de restos de lata, plástico e outros materiais, retrabalhados a partir de colagens, tintas, massa corrida e papel machê. Era o tempo das "Diretas Já". Vivi tudo aquilo com distanciamento, pela tela da televisão, leitura de jornais e relatos de irmãos e amigos...

Estudava Winnicott como autodidata e em uma situação de vida muito peculiar, em "repouso absoluto". O que me encantava, e encanta até hoje, era seu estilo simples, acessível – mas profundo – de escrita, e suas descobertas e contribuições acerca da capacidade de brincar e de criar das crianças humanas: sua hipótese é de que o brincar imaginativo é a origem de todo campo cultural.

Sobre *O Brincar e a Realidade* penso, recorrentemente, algo parecido com o que minha mãe dizia ao emprestar seus livros. Quando alguém ainda ia ter contato com algum autor que ela amava muito, minha mãe sentia concomitantes júbilo e pesar: júbilo, pois estaria introduzindo alguém na obra e no mundo criado por um autor querido; pesar, por sentir certa inveja do Outro, que começaria a ter momentos de intimidade com aquela obra e autor com o frescor de leitor iniciante[4]...

Me apaixonei porque vi, no caminho das relações entre adultos e crianças, e no caminho do viver criativo, grandes semelhanças com as experiências anteriores na Casa do Ventoforte. No ano de 1981, desisti do curso de graduação em teatro da Universidade de São Paulo para viver intensamente as aulas de formação de atores para teatro infantil do grupo de teatro Ventoforte, com quem contornei minha identidade adulta – algo feito, paradoxalmente, com base nas memórias de infância, pelo modo de dirigir atores do

4 No entanto percebo, em contato com um grupo de estudos com jovens artistas hoje, que a leitura da obra de Winnicott para eles não é tão apaixonante como foi para mim.

premiado encenador Ilo Krugli, para quem o adulto deveria sempre referendar a criança que foi, seu quintal e lugares por onde brincou. Ilo revolucionou o teatro infantil brasileiro, em seu modo de fazer extremamente cuidadoso e inteligente, em todos os aspectos cênicos – dramaturgia, objetos de cena e formas animadas, figurinos, canções compostas para cada trabalho – recusando classificações por faixa etária e inaugurando um teatro "para todas as idades".

Para escrever este livro que materializa minha segunda pesquisa de pós-doutoramento, tive tempo disponível para revisitar diários escritos em diferentes épocas, e perceber o germe de meu pensamento da maturidade, latente, potente, começando a enraizar-se nas possibilidades do brincar como o prazer na profissão futura, como conhecimento imaginativo, como "espaço de ilusão" e "área do consolo", noções que Winnicott discute como sinônimos do espaço potencial, conceito central em sua obra: lugar psíquico, *entre* a mãe e o bebê, *entre* adultos cuidadores e crianças a seus cuidados. Voltaremos a esse conceito ao longo do livro, por ser parte intrínseca, hoje, de meu pensamento-e-ação. Por ora visitaremos esta talvez enigmática citação:

> A busca só pode vir de um funcionamento amorfo e desconexo, ou talvez de um brincar rudimentar, como se estivesse numa zona neutra. É apenas aqui, nesse estado não integrado de personalidade, que pode aparecer aquilo que descrevemos como criativo. Se desenvolvido, e apenas se desenvolvido, isso pode tornar-se parte da personalidade individual organizada, permitindo, em suma, que o indivíduo seja, que seja encontrado; e, por fim, postule a existência do *self*.
>
> Isso serve de indicação para nosso procedimento terapêutico – propiciar a oportunidade de experiências amorfas, impulsos criativos, motores e sensoriais, que constituem a matéria-prima do brincar. É com base no brincar que se constitui a totalidade experiencial humana. Não se pode mais dizer que somos introvertidos ou extrovertidos. Experienciamos a vida na área dos fenômenos transicionais, em que a

> subjetividade e a observação objetiva se entrelaçam, e na área intermediária entre a realidade interna do indivíduo e a realidade compartilhada do mundo, que é externo aos indivíduos.[5]

Ah, meu filho nasceu bem, e pude trabalhar em casa por cerca de quatro anos, com a feitura de brinquedos artesanais em um espaço que denominei Brinquinharia – um "negócio próprio" também com a cara dos anos 1980: informal, cujas vendas aconteciam em bazares de Natal.

Em 1989 fui selecionada para fazer parte do corpo docente da Escola Municipal de Iniciação Artística de São Paulo (Emia-SP). Não por acaso fui designada para estar com turmas de crianças pequenas, entre cinco e seis anos de idade (a menor faixa etária dos alunos naquela escola, até hoje). A volta ao trabalho com crianças e com arte e educação me mobilizou fortemente, a ponto de escrever um livro: *O Brinquedo-Sucata e a Criança: A Importância do Brincar – Atividades e Materiais*. Ainda sob a influência do espírito dos anos 1980, submeti os originais às editoras tendo como ponto de partida o que eu mesma chamaria, algum tempo depois, de empirismo radical – uma formação não acadêmica, absolutamente voltada para o fazer artístico de modo intenso, sensível e autodidata. Consegui aceitação dos originais na terceira editora com que entrei em contato. O livro foi escrito entre 1990-91 e lançado em 1994.

Nos anos de 1990, notei uma virada dos critérios e valores do trabalho artístico, especialmente no campo da educação e da arte: percebi que não ter o diploma de graduação iria prejudicar meu futuro profissional. Eu havia desistido da graduação em Teatro na ECA-USP ao deparar com a estética do Grupo Ventoforte, influência marcante de toda uma geração de artistas entre 1970-1980, cuja discursividade e modos de fazer arte afastavam-se diametralmente do campo acadêmico da época. Depois, na segunda metade da década de 1980 e nos anos 1990, surgiriam nas universidades brasileiras

5 D.W. Winnicott, *O Brincar e a Realidade*, p. 107.

cursos específicos voltados para professores de arte. Ações e pensamentos neste campo de conhecimento se formalizavam, em uma espécie de mudança de eixo, pelo fato de a educação artística ter-se tornado obrigatória, em 1971. Fez-se premente, no contexto universitário brasileiro, diversificar as Licenciaturas.

No entanto, quando decidi voltar a estudar escolhi prestar vestibulares para a graduação em Psicologia, uma vez que já trabalhava com arte. Graduei em 1997. Minha escolha estava diretamente ligada à psicanálise de crianças, tal como revelada por Winnicott em sua obra. Os anos passados no curso de Psicologia me aproximaram de outro pensamento, como o leitor logo perceberá.

"O Brinquedo-Sucata e a Criança" (1994) e "A Poética do Brincar" (1998)

Foram os editores das Edições Loyola que enxergaram algo positivo em meu livro *O Brinquedo-Sucata e a Criança*, e de fato houve um sucesso editorial, com sete edições seguidas, entre 1994 e 2010. A obra introduz Winnicott e sua teoria da criatividade humana ao leitor, da mesma maneira que apresenta possíveis atividades com crianças, propostas que as levariam à liberdade de criação e expressão, com frescor e simplicidade. Gosto disso quando revisito o livro, e sei que hoje não possuo a mesma sintonia (leve, simples, jovial) com a psicanálise, razão inclusive pela qual escolhi, naquela época, estudar Psicologia.

Acredito que a simplicidade e a sintonia às quais me refiro significavam a ausência de pretensão acadêmica ou clínica, o que refletiu no sucesso do livro, pois, não sendo psicanalista nem estudiosa sistemática, comuniquei minha compreensão sobre Winnicott em um texto acessível a professores e outros interessados, não estudiosos da psicologia ou da psicanálise, em sentido estrito.

Hoje sei que aquela compreensão autodidata sobre a teoria da criatividade em Winnicott se deu em chave dicotômica, em uma possível simplificação, ao aderir a uma visão de ser humano dividido entre as noções de "mundo interno" – afetivo, subjetivo – e "mundo externo", objetivista e compartilhado socialmente. Não havia aprofundamento no que de fato estava em jogo para o psicanalista, algo que os estudiosos brasileiros nomearam, ao longo dos anos, de transicionalidade: grosso modo, o que há "entre" esses mundos. O "entre" seria exatamente o lugar que foi chamado por Winnicott por espaço potencial, e também por *playground* (lugar de brincar). É a área do consolo do bebê consigo mesmo, quando começa a perceber-se separado da mãe, depois de uma intensa experiência de fusão ou simbiose mãe-bebê; lugar onde a vida cultural acontece, na possibilidade de sentir-se espontâneo, pleno, criativo.

A entrada no curso de Psicologia e no mundo acadêmico me fez avessa ou crítica àquele meu empirismo radical: fui contaminada por outros rigores. Ao deparar com disciplinas filosóficas, me tornando leitora de Gaston Bachelard e suas poéticas, escrevi um segundo livro, contraponto à singeleza do brinquedo-sucata: *A Poética do Brincar*, publicado em 1998 também pelas Edições Loyola, texto no qual inicio minha busca por densidade poética. Com ele inauguro meu projeto fenomenológico para olhar para a criança e para seus modos de ser e estar, para suas brincadeiras. Ali discorro sobre uma ética, uma estética e uma poética do brincar.

Ao comparar os dois primeiros livros, hoje gosto mais do primeiro. O segundo, inspirado no modo francês de Gaston Bachelard – escrito em terceira pessoa, trabalhando com incontáveis referências –, possui certa pretensão programática que o primeiro livro dispensava. Comentarei cada um deles, convidando o leitor a conhecê-los.

No livro do brinquedo-sucata, há algo pioneiro na direção da reciclagem: madeira, tecido, lata e papel são subseções da segunda parte do livro, na qual sugiro diversas ideias para o leitor trabalhar criativamente (nunca na chave das receitas!) diferentes materiais: restos, refugos, sucatas das profissões. Proponho lá a coleção de sucatas, para a construção de um Sucatário: o leitor deve ir até o marceneiro pegar tocos de madeira, fazer um acordo com a costureira para ganhar retalhos de tecido, carretéis e outras coisas que iriam para o lixo... Não é livro de receitas, mas penso ser um manual – no melhor sentido que a palavra tem: estar à mão, convidar para a lida. Hoje sei que as propostas criadas conversam com o que Bachelard nomeia por imaginação material, algo que será melhor discutido no capítulo dois.

Já no livro da poética do brincar, homenageando Gaston Bachelard e os modos de escrita em suas poéticas, adoto o discurso em terceira pessoa, talvez pomposo ou aveludado. Mas o livro tem seu valor; lá, penso a ética do brincar, do ponto de vista dos adultos, como algo próximo ao que Winnicott nomeia por "a mãe suficientemente boa" (tradução brasileira complicada para "a good enough mother") – noção que revela uma atitude: nem ausente, nem perfeitamente presente; o adulto cuidador suficientemente bom será capaz de estar próximo apenas, permitindo à criança ser. A estética do brincar encontra-se na beleza das situações do faz de conta, arrumadas pela criança, por vezes de modo ritualisticamente sagrado, para sua encenação e usufruto... Defendo que o adulto precisa ver beleza naquela bagunça toda no chão, na composição dos materiais, na ordem-desordem, na voz forjada por *agora eu era*... E por fim construo a poética do brincar: reunião de poemas escritos por adultos que tematizam a infância em seus tempos e espaços (*mímesis*, amadora, do modo de escrita e de rigorosa pesquisa de fontes poéticas do filósofo).

Merleau-Ponty na Sorbonne [Maurice Merleau-Ponty e a Pedagogia e Psicologia da Criança]

Em 1996, no penúltimo ano da graduação em Psicologia, vou a uma feira de livros e descubro a existência dos *Cursos na Sorbonne*, dois volumes publicados pela editora Papirus, em 1990, com os apontamentos dos cursos (escritos por alunos, mas revisados pelo filósofo) que Maurice Merleau-Ponty lecionou por quatro anos, tematizando psicologia e pedagogia da criança. Naquele momento de estudos, e de vida, eu havia perdido o encantamento pela psicanálise de crianças: efeito da faculdade com suas grades curriculares, formas avaliativas, bibliografias, por vezes pesadas, e por outras antigas e empoeiradas... Majoritariamente, o curso apresentava a psicanálise como opção para a prática da psicologia clínica, marca dos professores da PUC-SP, onde eu estudava, e meus interesses transbordavam.

Portanto, desde o final da década de 1990 tinha mais um livro de cabeceira. Anos mais tarde conheci uma edição norte-americana comentada, que chegou a minhas mãos em 2013; recomendo-a aos leitores que possam ler em inglês, pois sua organização é excelente, contando com notas, índice remissivo e uma vasta bibliografia, algo que a edição brasileira não apresenta. De qualquer maneira, o fato de existir uma reflexão filosófica concretizada por Merleau-Ponty sobre a criança é por demais precioso: abre-se um campo, também ele "terceiro espaço", a partir de um pensamento não majoritário que questiona, com consistência e elegância, bases intelectualistas importantes das pesquisas com crianças até aquele momento (meados da década de 1950). Merleau-Ponty afirma, nos *Cursos na Sorbonne*, que seria necessário o estabelecimento de uma psicologia cultural, nos convidando a pensar em outra chave, a partir da observação cuidadosa das crianças mesmas e seus contextos e situações de vida. O filósofo substituiu nada mais nada menos que Jean Piaget na cátedra de Psicologia e Pedagogia da Criança na Sorbonne, por quatro anos seguidos.

Assim foquei minha atenção, do final da graduação em diante, para a leitura filosófica e fenomenológica dos mundos de vida da criança e de todos nós, em convívio. Escrevi então meu Trabalho de Conclusão de Curso buscando – ainda de modo inicial e despretensioso, sei disso – uma fenomenologia da criança. Não havia orientador que estudasse especificamente a psicologia fenomenológica e a criança, o que me deixou um pouco à deriva... Trabalhei descritivamente situações cotidianas, de rua e outros espaços públicos nos quais havia crianças, buscando o que nomeei de "a criancice da criança".

Enfim, não tendo sido orientada para de fato analisar fenomenologicamente minhas observações, construindo uma hermenêutica própria como faço agora, o Trabalho de Conclusão de Curso apresenta simplismos e diversos enganos; seu desdobramento importante foi me levar ao mestrado dois anos depois de graduada. Escolhi fazer mestrado na área de artes: volto ao ninho de origem, homenageio a liberdade vivida na década de 1980 na minha formação na Casa do Ventoforte, ao mesmo tempo que concilio a necessidade de saber mais sobre meus temas de interesse e obter titulações que me levariam para melhor vida profissional e financeira.

Aproximações Entre Winnicott e Merleau-Ponty, Pensadores da Infância

Quero muito instigar o leitor a conhecer o psicanalista inglês Donald Woods Winnicott, nascido em 1896 e falecido em 1971. Para alguns, pensar na obra, na teoria e nas práticas de um homem europeu e nascido nos últimos anos do século dezenove pode soar, a princípio, desinteressante... No entanto, Winnicott é genial. Com escrita leve, o psicanalista parte da observação cuidadosa de crianças – especialmente os bebês, e as relações entre mães e bebês (ou "figuras maternas") – e assim constrói, durante anos de prática clínica e estudo, uma teoria da criatividade.

Por que precisaríamos de uma teoria da criatividade? No campo do ensino da arte, para termos moeda de troca com nosso empregador, com a coordenadora pedagógica, com o diretor de eventos... Para poder situar, por exemplo, um pensamento sobre processos e resultados que não se obriga a fazer apresentações finais como objetivo maior das práticas artísticas com crianças e jovens. Sim, a leitura de um teórico inglês pode ser um facilitador. O ambiente facilitador, aliás, é um conceito de Winnicott e nos mostra algo que não é idealizado, mas pensado com muita concretude.

Ao longo de minha trajetória como pesquisadora, fui me sentindo à vontade para aproximar a psicanálise winnicottiana da fenomenologia: o psicanalista, pediatra inicialmente, constrói sua bagagem teórica com base no fenômeno da maternagem, por meio de uma observação atenta, cuidadosa e rigorosa das relações adulto-criança, da forma como aconteciam em seu consultório particular e em atendimentos no Paddington Green Hospital for Children, onde trabalhou por quarenta anos.

Inúmeros textos biográficos e históricos, que situam a psicanálise inglesa, comentam como Winnicott foi pioneiro em positivar o fenômeno da fantasia e do brincar, tratando-o como o cerne do que nos torna humanos. Nem fuga da realidade, nem etapa do desenvolvimento humano, mas o que doa significação às relações entre crianças e adultos, entre crianças, entre a criança e o mundo compartilhado. Por meio de contatos imaginativos entre crianças e adultos, forma-se o que Winnicott denominou de "psique-soma" – união entre subjetividade e corporalidade. A díade psique-soma não é inata e depende de experiências relacionais de cuidado com fluxo de continuidade, e propiciando uma "sensação de sentir-se real" (*the sense of feeling real*).

Como comentado, no Trabalho de Conclusão de Curso em Psicologia (1997) iniciei meu caminho em direção à fenomenologia da criança. Já no Mestrado em Artes (2001), tornado livro em 2004[6], maturei os elos que via, e vejo, entre fenomenologia e psicanálise – ao menos entre a fenomenologia de Merleau-Ponty e de Bachelard e a noção de infância de Winnicott. *Cacos de Infância* é o nome de uma encenação acontecida por quatro vezes e que tematizou nascimento, vida e morte. Sua escrita, seus ensaios e as apresentações são os motes de estudo de meu mestrado, na época com duração de três anos e orientado por Maria Lúcia de Barros Pupo (ECA-USP, com bolsa Fapesp).

Minha proposta consistiu em trabalhar com o "teatro para todas as idades" nomeado por Ilo Krugli, a partir da temática existencial. Em determinado momento da dramaturgia, uma menina de seus cinco anos de idade pergunta à mãe: "Por que que se nasce?", e a mãe reafirma que ela nasceu de um ato de amor... Em seguida, a menina quer saber por que se morre, e a mãe diz: "Filha, tudo que nasce morre". A menina segue meditando em cena, pois "se vamos morrer, por que nascemos?" O trabalho foi muito bem recebido,

6 *Cacos de Infância: Teatro da Solidão Compartilhada.*

e seu efeito mais forte e evidente, nas quatro plateias, foi de um silêncio cheio; um silêncio significativo e valioso: o avesso da típica plateia de certo teatro infantil, especialmente quando a peça termina com uma "animada canção".

(Persigo os temas existenciais desde o início do mestrado, mas os vivo desde... desde... desde antes da barriga de minha mãe.)

Pensar com seriedade a infância e a criança pequena situada em seu contexto é uma das características que unem Winnicott e Merleau-Ponty. Gesto e palavra na direção do convívio, habitando o mundo compartilhado.

No entanto, com base em Merleau-Ponty, recusaremos a crença, criada pelos adultos, acerca da existência de um "mundo da criança". Para o filósofo, o mundo é o mesmo. Distinguem-se os modos de apreensão: diferem, entre adulto e criança, as experiências que possuem do convívio e do mundo circundante, bem como de si mesmos e dos outros.

Semeadura da Fenomenologia da Criança

Defendi o doutorado em Psicologia da Educação em 2007 com a tese intitulada *A Flor da Vida: Sementeira Para a Fenomenologia da Pequena Infância*, no programa de Psicologia da Educação da PUC-SP sob orientação de Heloísa Szymanski. Em 2010, o trabalho deu origem ao livro *Merleau-Ponty & A Educação*. A tese apresenta uma imagem-síntese para pensar a criança: a Flor da Vida. Estudando os *Cursos na Sorbonne* e outros escritos de Merleau-Ponty, reuni pressupostos filosóficos voltados a pesquisas com crianças e a partir do método fenomenológico. Será central compreender os existenciais outridade (relação criança-outro), corporalidade (relação criança-corpo), espacialidade (relação criança-espaço), temporalidade (relação criança-tempo), linguisticidade (relação criança-língua mãe), mundaneidade (relação criança-mundo). Na tese, o existencial culpabilidade também constitui uma pétala da Flor da Vida, noção que deixei de lado depois da defesa, por críticas feitas pela banca, divergindo da possível relação criança-culpa.

Por ora, nesta introdução, podemos traduzir os existenciais por noções filosóficas que nos guiarão para descrever as relações: criança--outro; criança-corpo; criança-espaço; criança-tempo; criança-língua mãe; criança-mundo. Meu caminho no doutorado buscou como fazer a fenomenologia da criança, considerando que a fenomenologia não é uma pedagogia. A fenomenologia é um método filosófico, uma maneira de pensar, ser e estar no mundo, e que implica uma atitude muito peculiar: a atitude do observador atento, que, paradoxalmente, mergulha na experiência e afasta-se do fenômeno observado, de modo a descrever em detalhes o que vê. Não há adesão teórica prévia.

Os estudiosos chamam de redução fenomenológica um procedimento crucial para exercer a fenomenologia: reconheço, descrevo minhas adesões; no entanto, pratico a isenção de pré-conceitos, coloco entre parênteses meus pré-juízos de valor, para me aproximar da experiência da criança mesma, tal qual ela se apresenta. O enigma próprio do método fenomenológico é seu lema "de volta às coisas mesmas".

Para a tese tornada livro, escrevi uma segunda parte que comenta o campo do ensino de artes, especialmente a prática do ensino do teatro, na perspectiva fenomenológica – algo que elaborei, lentamente durante muitos anos, na docência na Emia-SP. De 2010 em diante, depois da publicação do ensaio "A Criança É *Performer*"[7], retomei os pressupostos da tese em um desdobramento temático, criando os âmbitos artístico-existenciais. Nesse contexto falo e escrevo sobre uma visada, uma contribuição original: a perspectiva artístico-existencial, mote central deste livro escrito agora. O ensaio é resultado parcial de meu primeiro pós-doutoramento, pesquisa nomeada de *Territórios do Brincar*, orientada por Maria Lucia de Souza Barros Pupo no programa de pós-graduação em Artes da ECA-USP (em 2009 e com bolsa Fapesp). Em outro momento comentarei com maior profundidade o significado da criança como *performer*, bem como o segundo resultado parcial da mesma pesquisa, a dramaturgia *A Sutil Diferença*, publicada no livro *Fim do Infante: Três Processos Dramatúrgicos*.

7 M.M. Machado, A Criança É *Performer*, *Educação & Realidade*, v. 35, n. 2.

Neste texto introdutório do livro *Para as Crianças de Agora*, é importante demarcar a grande virada que Maurice Merleau-Ponty propunha em seus *Cursos na Sorbonne* de modo rigoroso e audacioso, incitando a curiosidade do leitor.

Classicamente os estudiosos da psicologia e da pedagogia nomearam os primeiros anos da infância como momento de "egocentrismo" – muito resumidamente, um modo de funcionamento mental e psíquico centrado no si mesmo, em suas necessidades, impulsos e desejos, sem abertura para troca com os outros. Merleau-Ponty sugere algo que pode ser assim formulado: a criança é mundocentrada. A propositiva faz sentido se pensarmos que seu ego [sua subjetividade, sua pessoalidade] não é inato, nem tampouco biológico; encontra-se em formação, ao longo da infância; ora, a criança não poderia estar centrada em algo que a psicologia considera o "si mesmo" antes de ter um "ego" delineado (contornado por inúmeras experiências de relação, cuidado, brincadeiras, contato com a cultura a seu redor etc.).

A criança pequena estaria centrada, de forma onírica e polimorfa, em tudo que acontece a seu redor: no mundo circundante, experiência com o mundo compartilhado que a formará – lugar habitado por adultos cuidadores, outras crianças, e todas as coisas animadas e inanimadas. A experiência vivida nos primeiros cinco ou seis anos de vida é pré-reflexiva, nas palavras do filósofo, momento no qual seria, portanto, impossível possuir uma "visão de mundo". Trata-se de uma mudança incrível de perspectiva sobre como conceber a criança e seus modos de ser e estar. Merleau-Ponty dialogava e debatia com pesquisas cognitivas e desenvolvimentistas, apresentando aos alunos dos *Cursos da Sorbonne* outra visada, na qual intelecto e afeto são parte de um mesmo campo e onde haveria uma consciência perceptiva existencial que une ser e mundo.

Docência

Após meu primeiro pós-doutorado, vivi uma crise profissional grave. Eu estava, como dizem os americanos, *overqualified*, qualificada demais para os trabalhos que vinha fazendo e com os quais pagava as contas cotidianas. Paradoxalmente, não estava sendo selecionada para dar oficinas e cursos temporários, inclusive em locais onde meus textos eram fonte bibliográfica. Foi assim que me dispus a um recomeço: prestar concursos públicos para ser professora universitária. Fui selecionada na terceira tentativa. Em junho de 2012, migrei da cidade de São Paulo para Belo Horizonte, para trabalhar na graduação de teatro da Escola de Belas Artes da Universidade Federal de Minas Gerais.

No mesmo ano de 2012 fui convidada a fazer parte de uma banca de doutorado em Cuiabá, bem como a participar do evento Seminário Educação 2012 / UFMT. Minha fala deu origem ao artigo "Fenomenologia e Infância: O Direito da Criança a Ser o Que Ela É"[8]. Destaco o artigo acerca de "ser o que se é": a partir dele e de minha entrada na universidade como docente, meu olhar para a obra de Winnicott adensou-se, para além da teoria da criatividade. No artigo discuti a díade verdadeiro e falso *selves* (os pesquisadores brasileiros usualmente não traduzem estas expressões, embora tenha visto algumas exceções, como "verdadeiro Eu" e "falso Eu" no livro intitulado *Limite e Espaço: Uma Introdução à Obra de D.W. Winnicott*[9]).

Considero que fui além da teoria da criatividade por continuar tematizando a infância em meus livros, artigos, cursos – próxima, sempre, da infância vivida pelo adulto, e instigada pelas relações, íntimas, entre infância e teatro. Falar na infância como momento vivido por todos os adultos diante de nós leva-me de volta ao começo: à direção de atores do diretor e dramaturgo Ilo Krugli, artista que fazia um trabalho lento, denso e profundo com os alunos de seu curso para atores, de modo que cada um rememorasse sua infância,

8 Ver M.M. Machado, Fenomenologia e Infância: o Direito da Criança a Ser o Que Ela É, *Revista de Educação Pública*, v. 22, n. 49/1, p. 249-264, disponível em: <https://doi.org/>.

9 M. Davis; D. Wallbridge, *Limite e Espaço: Uma Introdução à Obra de D.W. Winnicott*. Este livro é de fato uma excelente maneira de aproximar-se da obra de Winnicott; no entanto, a tradução de "self" para "Eu" resvala em um erro conceitual.

relações, espacialidades, modos de brincar, o que levaria, em tese, a um tipo de atuação perto de algo arquetípico[10], comum a todos, e longe de estereótipos, via curta do teatro infantil de má qualidade, no qual atores adultos fazem personagens crianças cheios de gagues na voz, gestualidade, figurinos etc.

Escrevi o referido artigo cerca de trinta anos depois de me encontrar em repouso absoluto e com o livro de Winnicott na cabeceira. No texto revisito, novamente, referências de minha geração, como é a canção "O Seu Amor", de Gilberto Gil (1976) e gravada por Caetano Veloso, que diz: "o seu amor / ame-o e deixe-o / ser o que ele é / ser o que ele é / ser o que ele é". Cito a canção sem nunca banalizar essa expressão e sentimento de autenticidade, que, na teoria psicanalítica de Winnicott, relaciona-se ao nosso "verdadeiro *self*" e tem origem nos anos iniciais de nossas vidas, a partir do modo como os adultos nos apresentam o mundo, e muito especialmente como brincam conosco.

Para Winnicott, o falso *self* consistirá em uma resposta ao ambiente, quando o bebê sente, no corpo encarnado, que deveria ser diferente. Mais maduro? Mais limpinho? Mais alegre? Menos choroso? Menos curioso ou agitado? Enfim, o falso *self* é uma reação (inconsciente, não planejada intelectualmente) a um tipo de pressão para que sejamos o que não somos. Quando a pressão é muito grande, nos tornamos o que não somos – no entanto, com o objetivo de preservar, no cerne do *self*, o que somos verdadeiramente. Particularidade muito interessante e bonita na obra de Winnicott, considerado um otimista (para certas correntes críticas, sinônimo de ingenuidade), ao ler e interpretar questões humanas de tal modo, que os chamados "sintomas" podem estar mascarando a manutenção de um cerne identitário, revelando, de fato, busca por saúde psíquica.

10 Ilo e o núcleo duro e originário do Grupo Ventoforte eram leitores de Carl Jung, estudioso dos mitos arquetípicos e criador de uma metodologia própria, advinda de sua ruptura com a psicanálise freudiana, o que originou a chamada psicologia analítica.

Ciclos

Este livro que o leitor tem em mãos fecha um ciclo (e que abra outro!): trata-se do resultado de meu segundo pós-doutorado no campo da Pedagogia do teatro e, a partir dele, ou nele, sintetizo uma década de pesquisa, e penso projetar uma velhice plena. Desejo plenitude em termos intelectuais e afetivos, sempre, por meio da manutenção de um fluxo de trabalho criativo contínuo. Gosto de pensar afinada com Françoise Dolto: a vida é feita por ciclos de alegria e luto[11].

Quarenta anos depois de meu encontro com o pensamento winnicottiano, continuo entretecendo sua obra com uma leitura particular de noções e conceitos, criados pelo psicanalista, em forte e significativa conexão com a fenomenologia da criança e o campo da imaginação, amparada por Merleau-Ponty, Bachelard, Ricoeur, na busca de pesquisa poética em gesto e palavra. Abraço também o educador Paulo Freire, abrasileirando minha pesquisa.

Pretendo dar ampla divulgação à perspectiva artístico-existencial e estimular artistas e professores de arte, especialmente os jovens em formação, a serem quem eles são – e que, assim fazendo, propiciem a crianças e adolescentes com os quais trabalham experiências significativas de expressividade de seu verdadeiro *self*. Mais ainda: que o falso *self* encontre seu lugar em dramaturgias, atos performativos, esculturas, instalações, poemas, canções, bonecos: enfim, que nossos falsos *selves* encontrem, fora de nós, ou ainda no espaço potencial "entre", seus mundos ficcionais, para que, cotidianamente, possamos sentir-nos verdadeiros, corpos encarnados, pessoas humanas em busca de amar suas vidas.

Viver bem a primeira e segunda infâncias depende diretamente de como fomos introduzidos, por adultos, ao mundo compartilhado, antes mesmo do nascimento. Uma boa recepção das crianças implica condições materiais suficientes, obviamente, e disposição a

11 Discuto a relação dessa expressão e outras ideias da psicanalista Dolto em artigo publicado em 2016: Infância É Corpo Encarnado: Uma Perspectiva Poético-Existencial Para o Ser Criança, disponível em: <https://www.redalyc.org/>.

condutas relacionais: adultos imaginativos, tempos e espaços vivos, culturas plásticas e polimorfas. Ter gente ao redor capaz de brincar e cheia, recheada de solicitude. Este livro é sobre isso. Possui um tanto de esperança na prática poética, na conversa entre adultos e crianças, na beirada do mar... entre água e areia. O livro deseja misturar arte e ativismo. A causa defendida é o direito ao brincar imaginativo, em todas as idades; o direito à expressividade, à criação e ao desenrolar de sua poética própria. O direito a ser, antes de ter.

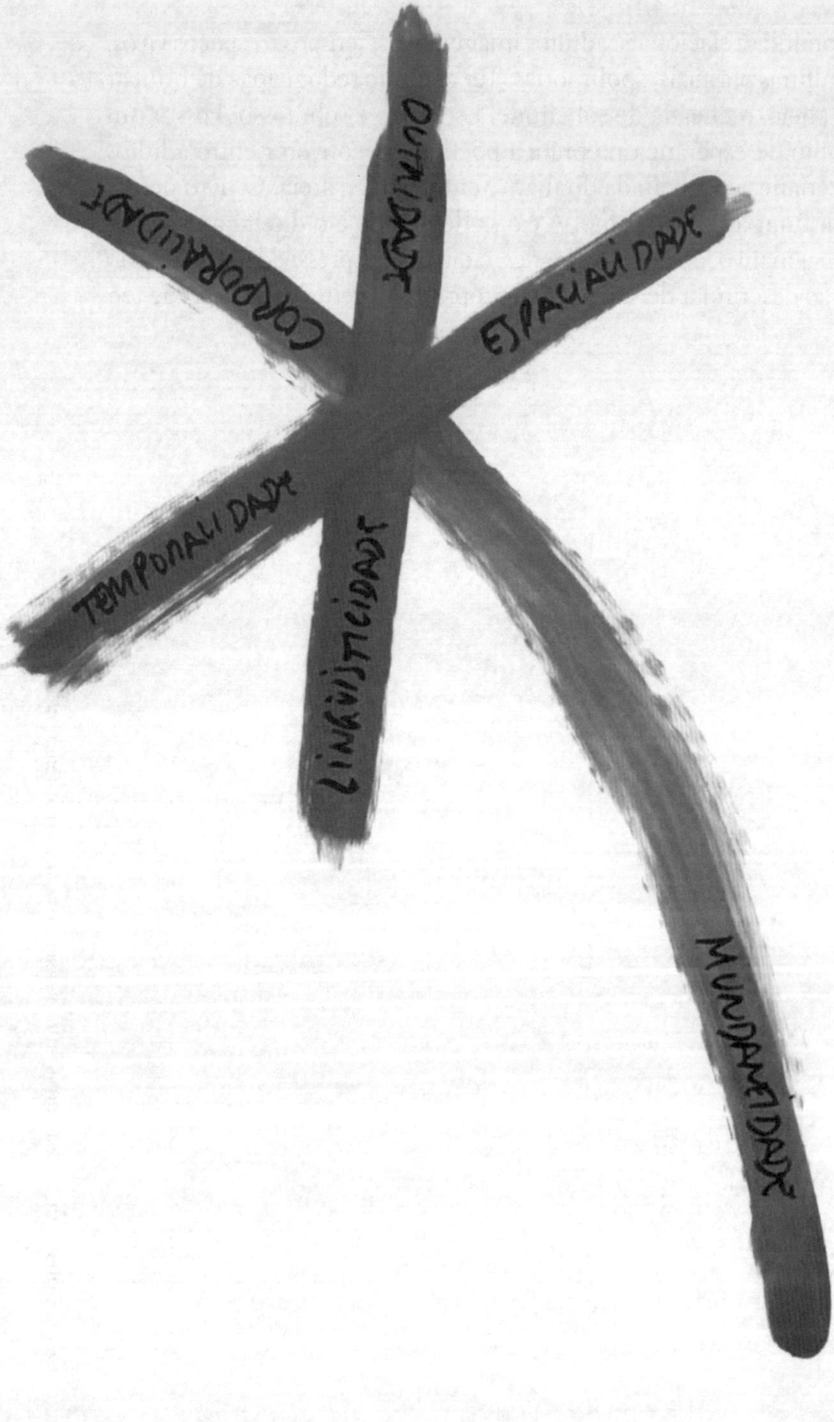
OUTRIDADE
CORPORALIDADE
ESPACIALIDADE
TEMPORALIDADE
LINGUISTICIDADE
MUNDANEIDADE

1 A Perspectiva Artístico-Existencial

nas quebradas entre psicanálise e filosofia, encontro uma poética própria

As plantas acenavam ao vento de agosto, nas suas hastes finas e verdes. E disse-me a mais faladora de todas, alta e trigueira:

– Dás-me dez anos da tua vida?

Eu só tinha cinco anos, pus-me a contar pelos dedos, vi que ia ficar com muito pouco.

– Dou – disse eu.

E ainda hoje, que nunca mais soube de mim, vou com o vento, balouçando. E agosto é todo o ano para mim.[1]

A Flor da Vida

Desde o final de meu doutorado em Psicologia da Educação, em 2007, surgiu no horizonte da pesquisa a possibilidade de nomear de perspectiva artístico-existencial uma visão de arte, infância e leitura de mundo associadas a meus estudos em fenomenologia e psicanálise – pensamento que segue, em fluxo de continuidade, na direção do ensino de arte, especialmente o ensino do teatro. Estudar a obra filosófica de Maurice Merleau-Ponty sobre psicologia e pedagogia da criança me proporcionou pensar os existenciais em sua possível

1 Ruy Belo, *Obra Poética de Ruy Belo*, p. 180.

relação com arte e infância. Os existenciais são noções filosóficas constitutivas do ser-no-mundo cujo sentido central é abrir mão de abstrações conceituais, e dar a ver uma realidade. Deixar à mostra, revelar os modos de relações humanas: *quem somos?*

Destaco a escrita e defesa da tese de doutorado pois, naqueles anos, imaginei uma interessante maneira para concretizar a fenomenologia da criança afinada com Merleau-Ponty – pela imagem-síntese que nomeei Flor da Vida, jogando com a expressão Jardim de Infância: desenho de uma "flor palito" cujas pétalas e cabo revelavam sete existenciais. As pétalas consistiam na corporalidade, espacialidade, temporalidade, outridade, linguisticidade e culpabilidade, ao passo que o cabo da flor materializava a mundaneidade, experiência compartilhada que nos enraíza em nossos territórios, terreiros, chãos. Em um momento subsequente, abri mão da pétala da culpabilidade; abandonei-a, ouvindo as arguições da banca na defesa da tese – aparentemente, lidar com a noção de culpabilidade nos levaria (autor e leitor) ao campo da religiosidade, o que não era o meu desejo. Minha intenção era tematizar o responsabilizar-se consigo, com o outro e com o mundo, na gênese do ser-no-mundo – especialmente durante o crescimento das crianças. Algo que neste livro vou nomear de solicitude.

Os existenciais são noções filosóficas que, segundo os pensadores de uma psicologia nesta chave, emolduram a experiência humana. Os analistas existenciais, historicamente, construíram suas formas discursivas – descritivas, terapêuticas – em um movimento crítico à psicanálise freudiana e seu aparato técnico e teórico. São elementos da compreensão antropológica e situada das relações eu-corpo, eu-espaço, eu-tempo, eu-outro, eu-mundo, eu-língua mãe.

Minha referência para incluir o existencial "culpabilidade" (relação eu-culpa) no desenho da Flor da Vida foi um livro português pouco divulgado, uma edição restrita publicada pelo Hospital do Conde de Ferreira, na cidade do Porto: *Clínica Psicopedagógica: Perspectiva da Antropologia Fenomenológica Existencial*. Seu autor, o professor e psiquiatra Raul Guimarães Lopes, cita Kierkegaard:

"sou culpável porque deixo de prever"[2]. Depois da defesa da tese, percebi uma interessante possibilidade: no desenho da Flor da Vida, substituir "culpabilidade" por "responsividade" (embora sabendo que para Guimarães Lopes não se trata de termos sinônimos). A responsividade se daria, na imagem criada por mim, por um regador da flor.

Em 2010, na transformação da tese em livro, já não há a pétala "culpabilidade" na Flor da Vida. Ali reafirmo que o adulto deve *regar a Flor* com responsividade, sempre. Solucionei dessa forma a questão trazida pela banca de defesa do doutorado, afirmando que as crianças podem e devem ser instigadas a regar suas existências, tornando-se protagonistas, cuidadoras de si, na medida de suas possibilidades, atentas ao cuidado do outro e do mundo circundante, ao longo dos anos.

A elaboração da Flor da Vida demarcou um passo importante na direção da fenomenologia da criança, proporcionando, em minha pesquisa acadêmica, profissional e existencial, ampliar a compreensão das relações entre arte e infância, ao entretecer ensino de arte e fenomenologia. Se a fenomenologia, um modo de pensar e fazer filosofia, não consiste em uma pedagogia, como falar dos princípios da educação, e da educação em arte, por meio de suas lentes? Proponho, inicialmente, que seja por meio de um uso generoso, aberto e criativo da Flor da Vida.

Um uso generoso dela como lente de observação e estudo para o mundo da educação e das relações convida à perspectiva descritiva e densa dos fenômenos acontecidos entre adultos e crianças, entre crianças, entre a criança e o mundo compartilhado. A imagem e a noção filosófica da Flor da Vida conversam com o que Merleau-Ponty denomina o corpo total, no qual as experiências relacionais com o tempo, o espaço, a língua mãe, o outro e a criança consigo mesma no mundo não acontecem de modo isolado. Será preciso, então, que os adultos se disponham a trabalhar a partir de

2 R. Guimarães Lopes, *Clínica Psicopedagógica: Perspectiva da Antropologia Fenomenológica Existencial*, p. 86.

um emaranhado de possibilidades e observar, registrar, aproximar-se das realidades, para perceber quem a criança é. Manter sempre diários da experiência de convívio, revisitando-os.

Se nosso desejo for de recusa aos princípios, tão arraigados social e culturalmente, das psicologias do desenvolvimento, com suas fases, etapas, saberes e aquisições consideradas em faixas etárias, precisamos ser capazes de conhecer quem são as crianças e jovens diante de nós: conhecer seus mundos de vida, modos de ser e estar no mundo, para em seguida, tratando-se do campo da arte e seu ensino, propor atos performativos que façam sentido em seus contextos próprios e situações cotidianas. Proceder desse modo desmancha planejamentos e projetos centrados no adulto professor bem como em currículos fixos e universais. Proceder desse modo nos aproximará dos saberes da sociologia da infância e da antropologia da criança. Proceder desse modo parte daquilo que o poeta Ferreira Gullar[3] nomeou, em seu campo de conhecimento, por "dizer o ver" (subtítulo de um de seus livros sobre arte pictórica). Para, assim, lançar desafios criativos e criadores, por meio de aulas-encontros.

Perspectiva Artístico-Existencial: Primeira Aproximação

Descobri de fato a potência dessa expressão – "perspectiva artístico-existencial", união entre arte e existência – alguns anos depois da defesa do doutorado, em 2011, quando preparava o ensaio intitulado "Fenomenologia de Merleau-Ponty e as Relações Entre Educação, Arte e Vida na Pequena Infância: Rumo a uma Abordagem Espiral no Ensino de Arte", que venceu o Concurso Mário Pedrosa, promovido pela Fundação Joaquim Nabuco. O ensaio, atualizado, foi publicado em 2020 na revista *Currículo Sem Fronteiras*, com outro

3 F. Gullar, *Relâmpagos: Dizer o Ver*.

título: "Espiralidades: Arte, Vida e Presença na Pequena Infância"[4]. Lá me pergunto: "O que muda no campo da educação estética se adotarmos a visão de infância do filósofo Merleau-Ponty?"

Há muitos anos rabisco, desenho, projeto uma terminologia própria[5]. Percebi como seria interessante questionar de modo propositivo (e provocativo) a afirmação de que "arte é linguagem", bem como escrever apontamentos e publicar textos, artigos, postagens em meu *site-blog*, sobre outros currículos possíveis – refletir um modo de ensinar teatro, artes visuais, música e dança cujo objetivo principal não é o produto ou resultado comumente chamado por "pecinha", "exposiçãozinha", "musiquinha" e "dancinha". Parece fazer parte do grande imaginário dos adultos brasileiros associar as atividades de arte e os fazeres artísticos na infância a resultados para serem apresentados "para os pais", como se o campo de conhecimento das artes fosse lugar de adornos, acessórios, agrados, gracinhas... Surpreender a comunidade adulta com outros pressupostos é o cerne daquele ensaio, escrito em 2011.

Para buscar outros pressupostos andei no caminho menos percorrido – tirando do foco os resultados artísticos das crianças, quase sempre extremamente dirigidos, bem como concebidos por e apresentados para adultos. Adotei a noção do *work in process* – obra em andamento –, metodologia bastante usual na literatura, poesia e arte contemporânea. Trata-se de reunir as artes em um caldo híbrido, a ser sorvido e absorvido pelas crianças mesmas, em uma estética que prescinde do direcionamento de um roteiro adulto, em sentido estrito; buscar desvios do caminho majoritário, estrada principal sempre construída, pensada e planejada pelo adulto: sintonizar com a arte contemporânea, suas misturas entre expressões artísticas, as instalações, os *happenings*, as performances. *Some a isso seus*

4 M.M. Machado, Espiralidades: Arte, Vida e Presença na Pequena Infância, *Currículo Sem Fronteiras*, v. 20, n. 2, disponível em: <https://www.curriculosemfronteiras.org/>.

5 A ponto de anexar, no final deste livro, um glossário (aqui revisto e bastante ampliado), criado para o artigo Só Rodapés: Um Glossário de Trinta Termos Definidos na Espiral de Minha Poética Própria, disponível em: <http://www.seer.ufu.br/>.

dados biográficos e seu projeto como artista professor... A colheita não será certa nem programável, mas o alimento é muito, muito fortalecedor. Você poderá escolher-se. Você poderá ser você mesmo.

Esse modo de pensar já estava em curso em meu primeiro pós-doutoramento, quando publiquei o texto "A Criança É *Performer*" no dossiê Perfórmance, Performatividade e Educação[6]. Retomo, brevemente, as noções centrais do artigo, uma vez que a perspectiva artístico-existencial partiu daquela visada: união da noção de infância da fenomenologia da criança com a noção de arte relacional, em um ensino de arte para crianças longe da teoria do desenvolvimento infantil e próximo das crianças mesmas, bem como da pedagogia da autonomia de Paulo Freire.

A Criança É "Performer"

A noção da criança *performer* é desdobramento de minha dedicação à fenomenologia da criança – estudos teóricos, partindo dos *Cursos na Sorbonne* lecionados por Maurice Merleau-Ponty, maturados em meu doutorado e em interpretações das experiências de campo durante o primeiro pós-doutorado: observações, descrições e estudo compreensivo de crianças em situações de espera na cidade de São Paulo, durante o primeiro semestre do ano de 2009. O registro em diários, na busca de descrições densas dos mundos de vida observados, fez parte da metodologia daquele projeto de pós-doutorado, que apresentou como pergunta inicial: "como as crianças vivem os momentos de espera, em locais de passagem nos quais se encontram junto a adultos (espera do ônibus, da perua escolar, da entrada para o teatro etc.)? Esperam ou simplesmente vivem o momento presente?" Estudos dos diários escritos a partir das observações de crianças na companhia de adultos na cidade de São Paulo me levaram a dois

6 M.M. Machado, A Criança É *Performer*, *Educação & Realidade*, v. 35, n. 2, disponível em: <https://seer.ufrgs.br/>.

resultados: o ensaio "A Criança É *Performer*", editado em 2010[7], e a dramaturgia *A Sutil Diferença*, publicada em 2018[8].

Embora munida de antemão da noção temporal desenhada por Maurice Merleau-Ponty, de que é próprio das crianças pequenas não admitirem não ter existido sempre – o que as leva a uma temporalidade peculiar, onde não há distanciamento nem pensamento por "pontos de vista" –, as observações cotidianas mostraram que, de fato, as crianças simplesmente viviam o momento, na companhia dos adultos que esperavam. Ou seja, os adultos encontravam-se à espera: preocupavam-se, "preenchiam o tempo", vigiavam a hora – enquanto as crianças ocupavam os espaços, brincavam, comiam o que lhes era oferecido, observavam os arredores, dormiam... brigavam, choravam... Naquela imagética do cotidiano observado, percebi um forte paralelo entre os modos de ser e estar das crianças pequenas e a noção de performance concebida e veiculada pela arte contemporânea. São algumas características daquela aproximação: a busca de usufruir o tempo do aqui agora; as experiências efêmeras; o mergulho no instante; a (pesquisa da) presença, por meio de uma corporalidade que não representa, mas, antes, mergulha na exploração dos arredores.

Meu trabalho anterior já aproximava do teatro a infância e o brincar, por meio de associações entre o faz de conta com o trabalho imaginativo do ator. Destaco um capítulo publicado no livro *O Ensino do Teatro na Contemporaneidade: Conceituações, Problematizações e Experiências*, intitulado "Teatralidades e Pequena Infância". Lá indico ao leitor as características que unem o brincar e o fazer teatral, a infância e a arte do ator:

> *um corpo total*, no sentido de apropriação de si e da alegria de morar nele; *simplicidade de gesto e de traço*, seja no corpo, seja no desenho ou no brincar com areia e panelinhas; *interesse por tudo que surge diante de si*, incluindo pessoas, bichos

7 Ibidem.
8 M.M. Machado, *Fim do Infante: Três Processos Dramatúrgicos*.

> e coisas; e a capacidade de deixar o inusitado, o *nonsense*, o absurdo surgir, emergir, e rir, rir muito, pois rir ainda é o melhor remédio[9].

Sigo, naquele texto, conversando com o professor:

> Rir com a criança, rir de sua seriedade de professor adulto – rir de si mesmo e prosseguir: dispensando o produto "pecinha com crianças para pais" e abraçando o processo criativo de como as crianças se apropriam de si, do outro e do mundo. É sobre essa libertação que este texto procurou discorrer.[10]

A história do construto da criança como *performer* também possui um paralelo encontrado em estudos a partir da sociologia da infância: a criança protagonista, o papel social do ser criança, a criança como ator social. Isso significa a adesão a um modo de ler os mundos de vida da criança que procure, sempre, por seu agenciamento, compreendendo o ser criança sem necessidade de encaixe nas teorias das faixas etárias e do desenvolvimento psicológico ou cognitivo, tal como pensado por muitos adultos pesquisadores. Ser criança pode ter outra marca, outra direção... Brechas para ser o que se é, percebidas enquanto os adultos apreendem a possibilidade de escuta e acolhimento, abrindo mão de que existiria "um mundo da criança". O mundo é o mesmo. O que difere são as maneiras de ser e estar, os modos de habitá-lo.

Poder escolher-se. Ser capaz de criar antiestruturas, escapatórias, esconderijos. Desenvolver resiliência. Ter algo a dizer. Estar viva e ativa – a criança e sua infância como momento novo, convite à transformação e à expressividade. Evoco o filósofo e educador Walter Kohan para nossa roda de conversa: "Talvez possamos pensar de novo um outro lugar minoritário, molecular, para a infância, na espacialidade molar e concêntrica da escola; talvez queiramos

9 M.M. Machado, *O Ensino do Teatro na Contemporaneidade: Conceituações, Problematizações e Experiências*, p. 78. (Grifo do original.)
10 Ibidem.

promover outras potências de vida infantil, outros movimentos e linhas."[11] Não estamos sozinhos na via menos percorrida. Kohan, em seguida, repensa a escola: "Talvez possamos pensar a educação de outra forma. Quiçá consigamos deixar de nos preocupar tanto em transformar as crianças em algo diferente do que elas são."[12]

No campo da pedagogia do teatro e do ensino de arte pode surgir, a partir da criança como *performer*, uma visão que difere das "atividades" realizadas em mesinhas, canções com gesto, coloridos de desenhos cujo contorno é dado pelo adulto, quadrilhas ensaiadas com sequências pré-definidas, teatro do Dia das mães... Para demarcar essa oposição, adotei a denominação ato performativo para aulas de arte: convite à criança para existir em sua plenitude, criar seu gesto, usar as cores como quiser, dançar a seu modo. Longe da suposta técnica e perto da criança mesma.

Voltando à pergunta feita no ensaio agora publicado sob a rubrica "Espiralidades", a resposta para o que muda na educação estética das crianças pequenas, se adotarmos os princípios da fenomenologia tal como discutida por Merleau-Ponty nos *Resumos de Cursos na Sorbonne*, será dada em torno da atitude do adulto, que não mais esperará ver na criança o que ela não tem ou não desenvolveu "ainda". Trata-se de positivar o fenômeno da infância e seu cerne pré-lógico, pré-reflexivo. Seu desenho é feito por rabiscos e garatujas porque ela assim quer – e não por inabilidade. Sua plasticidade não é sinônimo de imaturidade ou dispersão: ela é polimorfa, ela possui percepções múltiplas e não lineares, vive outra organização de tempo e espaço, outra maneira de inteligência, de organização dos dados apreendidos no contato com o outro e com o mundo. Ela, em seus primeiros anos, é também onírica, ou seja, transita entre fantasia e realidade, o tempo todo, sem escrúpulos, sem limites fronteiriços. E seu modo de ser e estar não "representa" sua realidade: sua apreensão e percepção de si, dos outros e do mundo circundante é não representacional. A criança pequena encontra-se

11 W.O. Kohan, *Infância, Estrangeiridade e Ignorância*, p. 97.
12 Ibidem.

simplesmente no mundo, sem distanciamentos: está mergulhada nas relações. Assim, é nesta visada que a criança se encontra muito próxima das prerrogativas da arte contemporânea.

Uma guinada de ponto de vista. Bem-vindos à perspectiva artístico-existencial.

Perspectiva Artístico-Existencial e Fenomenologia da Criança

Por mais paradoxal e impossível que pareça, o olhar fenomenológico possui, como ponto de partida, não um arcabouço teórico, mas "as crianças mesmas". Paradoxal porque já somos adultos; impossível porque todo adulto possui seus constructos... estruturados, seja por estudos, vivências e crenças, seja por sua biografia. A solução encontrada na filosofia fenomenológica pode ser resumida, grosso modo, na expressão *colocar entre parênteses* as noções pré-concebidas que possamos ter acerca do fenômeno observado.

Despojar-nos.

Abrir mão da perspectiva majoritária que divide a vida em fases e etapas, nas quais, quase sempre, o tempo da infância é visto como preparação para a juventude; a juventude, preparação para a adultícia, foco principal da vida produtiva, por assim dizer – até a velhice como acontecimento em um já suposto lugar, de "maturidade aposentada".

O professor Guimarães Lopes, em obra já citada, comenta que a redução, atitude proposta pelos fenomenólogos, seria melhor compreendida por "dar atenção às coisas"; é um princípio filosófico que não nos deixa conduzir pelo que temos à vista mas, antes, nos convida a tomar outro caminho – "re-conduzimos nosso espírito para o essencial"[13]. Embora simplificador, farei, por ora, equivalência entre a *redução fenomenológica* e *colocar entre parênteses nossos*

13 R. Guimarães Lopes, *Clínica Psicopedagógica: Perspectiva da Antropologia Fenomenológica Existencial*, p. 34.

pressupostos – para fins didáticos, de modo que o leitor situe como desenhar, a seu modo, Flores da vida, convite aos desdobramentos discutidos a seguir, ou seja, a perspectiva artístico-existencial e as relações entre arte, infância e vida (e morte).

O olhar fenomenológico para as crianças não faz foco nas teorias sobre elas e suas infâncias, propondo observá-las descrevendo os existenciais da corporalidade (relação criança-corpo), temporalidade (relação criança-tempo), espacialidade (relação criança-espaço), outridade (relação criança-outro), linguisticidade (relação-criança língua mãe) e mundaneidade (relação criança-mundo) – e lembrando que a união desses termos existenciais consiste na Flor da Vida. Percebi que passei, da conclusão do doutorado em diante, a usar a palavra "teatralidade" com maior frequência. Dizer, afirmar, propor, expressar-me na chave da teatralidade, como professora e pesquisadora de teatro, fez muito sentido: um contraponto a outro modo de dizer, tecnicista e diretivo, no que diz respeito ao ensino das artes da cena.

No ano de 2007 participei do grupo de artistas professores de "A Rede em Rede", projeto de formação de professores da Educação Infantil, ligado à Secretaria de Educação da cidade de São Paulo. Naquele momento, junto com a possibilidade de aderir à fenomenologia da criança, abrindo mão dos princípios da psicologia do desenvolvimento (ou os colocando entre parênteses), percebi que o que o mestre Ilo Krugli chamava de "arte integrada" e a comunidade de artistas contemporâneos de "hibridismo" significaria passos largos no caminho menos percorrido, podendo gerar outras misturas ou novas totalidades – tal como na Flor da Vida e seus existenciais. Nascem, na lida criativa com as palavras, os âmbitos!

Lugares da Arte: Os Âmbitos Artístico-Existenciais

Chamei de âmbito aquele "onde" no qual moram as artes: âmbitos artístico-existenciais. Corporalidade, teatralidade, espacialidade e musicalidade serão, assim, lugares a serem explorados – lugares que já lá estavam, desde "a barriga da mamãe". As aulas de artes seriam a pesquisa da continuidade *disto*: das relações eu-corpo, eu-outro, eu-mundo. A perspectiva artístico-existencial nasce emaranhada, imbricada na fenomenologia e sua propositiva de que somos seres-no-mundo. Os âmbitos se enroscam na Flor da Vida.

Âmbitos: lugares para deixar a arte morar, entre mim e você, entre nós e as obras, entre nossos alunos e a tradição artística. Lugares entreligados, nunca ilhados; lugares a serem mapeados pelas crianças, em uma caça ao tesouro que não é jogo de regras, situa-se no brincar imaginativo e nas relações entre crianças e adultos, crianças e seus pares, crianças e o mundo cultural.

Foi observando os modos de ser e estar das crianças, preparando-as, em minha prática na Escola Municipal de Iniciação Artística (Emia-SP), para *fazer a aula* de teatro – para estarem ali presentes, para receberem o convite dos adultos para adentrar no campo ficcional e habitá-lo –, que passei a nomear o ato de habitar a ficção em termos performativos (no corpo, na voz, na expressividade), de "teatralidades". Assim, sem planejar de antemão, aconteceu um deslocamento: não pensar a arte como linguagem. Ao olhar retrospectivamente, percebo que essa atitude passou à escrita, formalizando-se em minha obra, unindo pensamento e ação, de 2010-2011 em diante, o que significa depois de dezesseis anos de trabalho com crianças na Emia-SP.

Antes de prosseguir, explicito que argumento a favor da "arte como um lugar" sem nunca jogar fora a força do termo "linguagem". Seria um enorme contrassenso discordar de que somos seres linguajeiros, e negar que a arte possa inserir-se nesse campo potente. Minha questão de fato é outra: está na escolarização das artes e no agrupamento "Linguagens" que os documentos curriculares nos apresentam já há algum tempo no Brasil, agrupamento no qual as artes foram inseridas ou alocadas pelos acadêmicos pensadores dos currículos.

Minha posição é que a arte é um campo do conhecimento específico, não necessariamente pertencente ao guarda-chuva nomeado, nos currículos, por "Linguagens"; penso também que aquele modo de ver a arte leva o educador a ser um "alfabetizador" das estéticas, do conhecimento histórico ao longo da humanidade, do estabelecimento profissional do artista ao longo da história da arte, escolhas por demasiado intelectualistas, o que distanciaria o artista professor daquilo que venho chamando por poéticas próprias – especialmente as poéticas das crianças, que já estão dadas em suas corporalidades e modos de ser e estar no mundo. Resumindo, por agora: conceber a arte como um lugar foi um ato político.

Teatralidade

Situações ricas em teatralidade já se mostravam, para mim, parte importante das aulas de teatro, bem como desenhariam propositivas de teatro fora do teatro, por exemplo, em propostas que abrem mão do palco e da plateia tradicionais, que podem acontecer de forma inusitada e também efêmera, dispensando longos textos dramatúrgicos e longos períodos de ensaio. Pensar a criança como *performer* traz esse pano de fundo e desdobramento: convida à paisagem das teatralidades (melhor assim: no plural). A ideia é radicalmente avessa ao culto da técnica e do perfeccionismo da cena "que funciona" – recusa o teatro bem feito, eficaz. Trata-se de outra escolha possível. Sobrevoar e habitar outra paisagem, sem a expectativa do teatro tradicional e seu requisito por palco e plateia, história a ser narrada (com começo-meio-e-fim), trabalho corporal de voz e construção da personagem, para citar as características mais usuais.

E se tirar os sapatos para entrar numa sala e deixar do lado de fora todos os pares de sapatos já fosse *teatral* – encenado, rico em imagens, incomum? –, o primeiro passo de aulas de arte como atos performativos criativos e criadores, em salas de chão propício, já lá se encontraria.

Momento recheado de teatralidade: correr, gritar, empurrar, pular – alegria dos pés descalços de crianças cuja rotina se faz, nas escolas tradicionais, em filas e fileiras... já é *teatral* ou incomum, cheio de expansão e de um tipo de liberdade, também *atuada* num lugar: a sala onde acontecem as aulas de teatro. Ou a quadra. Ou o corredor. Ou entre duas árvores no parque...

A arte como um lugar. Um "onde". Não uma linguagem na qual a criança será alfabetizada por adultos, mas um espaço amplo, múltiplo, em que a criança vai circular. Espiralar. Dançar, no usufruto da corporalidade. Inventar histórias e narrativas, habitando a teatralidade possível do lugar dado e do lugar imaginado. Pintar, construir, modelar, na espacialidade que pula para fora das mesinhas e das folhas de papel sulfite. Cantar, falar, gritar, silenciar, na musicalidade de seus movimentos expressivos – autênticos e também mimetizados, no entanto sem mando do adulto – entre o que há em si mesma e o mundo compartilhado com os outros.

Ao lado da criança *performer* e seus atos performativos, aproximei a noção de espaço potencial na obra de Winnicott e a possibilidade de espacializar imaginações construída por Doreen Massey[14], geógrafa que propôs outra maneira de pensar o espaço – não mais como uma superfície plana sobre a qual se caminha, mas, antes, tal qual a paisagem num trem: atravessando uma infinidade de histórias, das pessoas e dos lugares que observamos pela janela. Massey nos propõe um "senso de lugar" (*sense of place*): assumir que os lugares possuem identidade múltipla; lugares são processos e não estão congelados no tempo. Lugares não são como recintos envidraçados que teriam um "dentro" e um "fora". Chegamos ao elo entre o psicanalista e a geógrafa.

Em minha contribuição para a discussão curricular do ensino de arte, organizada de modo formal em dois artigos[15] escritos entre 2011 e 2012, para as artes visuais elegi a palavra "espacialidades": aquém e além da folhinha de papel sulfite e do assim chamado desenho

14 Estudo a noção de espacialidade de Massey por indicação de um professor de fenomenologia. Ao mesmo tempo estava interessada na geografia cultural, percebendo as conexões com as culturas da infância e juventude que geógrafos passaram a fazer, nos últimos vinte anos. Para saber mais sobre a autora, recomendo o livro *Pelo Espaço: Uma Nova Política da Espacialidade*.

15 Um deles já citado. O segundo artigo escrevi para começar a divulgar a abordagem espiral antes dos cinco anos da obrigatoriedade de espera (dos direitos autorais da FUNDAJ) para publicar o texto (hoje chamado de "Espiralidades"): Fazer Surgir Antiestruturas – Abordagem em Espiral Para Pensar um Currículo em Artes, disponível em: <https://revistas.pucsp.br/>.

livre; para fora do espaço de uma folha de papel e de uma mesa e cadeira para sentar e desenhar como tarefa ou lição, estão o chão, as paredes, as dimensões, o céu, a diagonal, os varais! Espacialidade parecia ser a palavra mais convidativa para criações de ambientes e pequenas esculturas, instalações, espaços para brincar, bonecos de papel machê...

Espacialidade é um termo que também une noções muito peculiares da fenomenologia de Merleau-Ponty, que nomeia o corpo como "espaço corpo próprio" e destaca o mundo como a espacialidade entre nós, rica, povoada por outros, coisas, bichos, fenômenos da natureza etc.

Corporalidade

Seguindo no caminho de questionamento da arte como linguagem, pensei na dança, e em como especialmente meninas (e suas mães!) associam a palavra *dança* a saias de tule, cabelo feito coque e sapatilhas... A partir da teatralidade dos sapatos no corredor, do pé descalço de todo mundo junto misturado, encardido por vezes e com chulé (!), percebi como seria interessante assumir o termo "corporalidades": mais abrangente, convidativo, tranquilo com os diferentes e divergentes, com a cultura brasileira do frevo e do samba, com a dança de rua, muito axé e o batuque do corpo... Plural.

Mas a corporalidade não seria algo que acontece ou transparece apenas na aula de dança – a corporalidade é feita de nós mesmos, possibilidade fisicalizada de estar presente, o corpo encarnado; assim como teatralidade não é exclusividade da aula de teatro: está no mundo, no ponto de ônibus, na festa de aniversário, no jogo de bola do recreio; espacialidade não se tornará um termo refém das artes visuais, pois somos espaço corpo próprio e vivemos no espaço mundo compartilhado; por fim, a musicalidade nos habita desde a barriga da mamãe... lugar cheio de sons e ruídos, luzes e sombras.

Em minha primeira pesquisa de pós-doutorado, intitulada *Territórios do Brincar*, no momento de estudo dos diários de bordo, pensei em enriquecer a leitura adulta da corporalidade das crianças pequenas por meio de três noções ou estados, sempre enraizada no cotidiano, a partir da fenomenologia das relações criança-corpo observadas: o corpo-rabisco, o corpo-figura e o corpo-narrativa. No entanto, estudando meus diários antigos, encontro o esboço inicial dessas hipóteses no início dos anos 2000, quando questionava, no projeto de mestrado, o ator adulto que representa o papel criança. Anotei, naquele momento, três possibilidades dramatúrgicas: rabiscos seriam cenas icônicas, para serem dançadas, tocadas, murmuradas; figuras seriam imagens, retratos e estátuas congeladas da personagem criança; e narrativas seriam estórias e *short cuts* (assim está lá escrito: a tradução literal para essa expressão seria "atalho", mas é o título de um filme de Robert Altman cuja tradução no Brasil foi *Cenas da Vida* – e minha compreensão, hoje, é de que eu me referia ao modo narrativo inovador do filme).

Hoje por corpo-rabisco penso na maneira de ser dos bebês e das crianças antes de andar, ou durante o aprendizado de andar: um corpo de grande energia; espasmos e reflexos vividos de maneira polimorfa; uma corporalidade que o adulto pode "ler" de modo brincante, dando nomes, fazendo vozes, manifestando seu afeto e admiração pelas habilidades não modeladas intelectualmente.

Por corpo-figura entendo algo como o jogo de estátuas; penso também na criança dormindo, ou presa à cadeirinha de segurança no carro, parada na água do banho ou naquele rasinho do mar... Um corpo delineado por contornos, congelado sem ser "morto"...

E por corpo-narrativa entendo a gestualidade farta do faz de conta, com múltiplas vozes e movimentos, uma proximidade a personagens de desenho animado, quadrinhos, contos de fada e toda a cultura ao redor da criança que já fala e esboça suas próprias histórias: era uma vez... agora eu era...

Um corpo mais livre para exercer o gesto espontâneo é um corpo menos domado, menos dominado pela perspectiva adulta, pelo desejo do professor pela técnica, pelo "bom comportamento" revelado seja na cópia da coreografia, seja na capacidade de ficar parado na coxia esperando sua vez de entrar...

Ofertar aquelas três noções ou formas-conteúdo corporais para o trabalho cotidiano do professor de arte significa proporcionar um menu de possibilidades interpretativas, de modo que cada estado corporal possua valor, sentido em cada rabisco, cada ponto e vírgula dos pés e mãos, cabeça e pescoço; nenhuma necessidade de ensinar passinhos ou movimentos pré-moldados pelo artista educador. A criança, usualmente, já habitaria seu corpo próprio. *Observe. Conduza com leveza. Ensine e aprenda com ela*: uma arte das relações adulto-criança. Afastar-se da necessidade de "coreografar as crianças".

Musicalidade

E como renomear a aula de música, a expectativa de bandinhas e corais (senso comum de décadas e décadas de um ensino de música disciplinar e enfileirado)? "Musicalidades". Abrangência das paisagens sonoras[16]; homenagem ao silêncio; generosidade com os desafinados. E peço especial atenção ao som do brincar de faz de conta. Winnicott nomeia de fenômeno transicional tudo aquilo que preenche o entre-espaço; um exemplo contundente é o balbucio do nenê em seu berço, e também sua capacidade para gritar. O uso do brinquedo de pelúcia como parte da mãe, ou seja, como lembrança ou presença da mãe ausente, também é considerado fenômeno transicional. Em minha experiência com crianças de cinco e seis anos, vi inúmeras vezes crianças usando suas vozes e possíveis sonoridades ao brincar com brinquedos e ao expressar-se, por vezes baixinho, solitariamente, por outras vezes, de forma barulhenta e intempestiva.

No final da década de 1990, iniciei na Emia-SP uma proposta recorrente com as crianças, além e aquém dos brinquedos industrializados, implicando outros modos de viver o brincar livre e criativo: contava uma história improvisada com objetos não estruturados (brinquedos-sucata, que são pedras, rolhas, palha, tampinhas de garrafa e frascos etc.) e com brinquedos que colecionava (miniaturas:

16 Termo cunhado pelo pesquisador canadense Murray Schafer. Ver especialmente *A Afinação do Mundo*.

bichos, bonecos, réplicas de objetos do cotidiano etc.). Depois, as crianças podiam brincar, a seu modo e sem direcionamentos em sentido estrito, com a situação estabelecida por mim: às vezes tendo como suporte uma mesa, outras vezes, o chão. E naquele momento, a meu ver muito especial, de protagonismo dos espectadores (dizem assim hoje os pesquisadores de ponta do que é ser plateia...), acontecia o barulhinho... Ouvíamos o som do faz de conta.

Nada de imitações: recriações; pitadas de timidez, em nome de revisitar o momento de que mais gostaram, agora usando os objetos a seu modo; vozes e movimentos, gesto e palavra, um presente para mim (e para minhas duplas, pois trabalhávamos em duplas na faixa etária dos cinco e seis anos) – confirmação da aposta na criação da criança, em sua ampla capacidade de compreensão das situações e contextos artísticos e ludicidade. Nenhuma necessidade de academicismos!

As crianças faziam de suas vozes fenômenos transicionais: *entre* o "de dentro" e o "de fora", *entre* a memória fresca de minha ação teatral/teatralizante com os objetos e seus desejos próprios de brincar, revelação de seu uso criativo das coisas do mundo, balbuciando coisas que pareciam música. Não seria esse o verdadeiro som da intencionalidade? Ou da infância antes do fone de ouvido?

Assim recordo o leitor da imagem da Flor da Vida enredada, entretecida pelos lugares das artes, pelos âmbitos artístico-existenciais. Da mesma maneira que somos o todo da Flor, as artes estão interligadas e em diálogo. Brincar é o adubo mais propício; brincar de faz de conta com o corpo total, expressar-se em gesto e palavra, dançar uma dança sutil e rabiscada, ser a chuva, fazer o barulho do trovão, esconder-se debaixo da mesa imaginando uma caverna ou um buraco negro, acender a lanterna para fazer sombras na parede ou num lençol... *Bora lá*?

O Que Muda?

Ao adotarmos a noção de âmbito, ou de arte como um lugar, mudam os caminhos do planejamento, da execução, da avaliação... e da retomada para o outro semestre e para outros anos. A mudança reside especialmente em uma inversão: abrir mão do adultocentrismo, para focar nas crianças mesmas. Suas corporalidades já ali estão. Suas espacialidades, musicalidades e teatralidades: capacidades humanas que podem ser tocadas pelo adulto, fomentadas, regadas... Voltando ao desenho da Flor da Vida, o adulto rega, a criança floresce. Não seria natural, belo ou simples; há percalços, e muitas crianças, mesmo ainda aos cinco ou seis anos, já se encontram bem marcadas pelas famílias e suas histórias pregressas, de maneira que seu fluxo de criação, a possibilidade de conversa e espiralidade podem, em alguns casos, estar amarrados, comprometidos, autocensurados até.

Trata-se de um trabalho lento de conhecimento da concepção curricular majoritária, e percepção de qual pode ser o convite a outra coisa. Não é terapia corporal nem psicoterapia, embora o espaço ocupado com arte e na arte tenham efeitos terapêuticos, pela descoberta de si, com o outro, no mundo. Uma grande mudança é não tratar o trabalho cotidiano como "preparo de arte espetacular", implicando ensaios para "apresentação final": *moro na aula de artes. Elas estão ali para serem habitadas, ocupadas, transformadas por mim. Sinto que sou eu mesmo. Posso gritar, posso ficar parado e não fazer, observar, espectar. Sou avaliado positivamente quando faço diferente. E estranho professoras que não me dizem o que é pra fazer. Aos poucos, amo isso.*

Um dia um aluno na Emia-SP disse: "Eu queria vir aqui nessa escola todo dia, e na outra escola só uma vez por semana". Um grande elogio! Uma prova de amor. Respondi que podia ser que, se viesse à Emia todo dia, talvez ele pensasse diferente... que talvez o legal era mesmo ser uma vez por semana. Mas no fundo me pareceu que ele estava falando sobre a lida entre adultos e crianças, sobre as tarefas escolares da Educação Infantil, e sua fala também podia sugerir que, por vezes, os adultos que trabalham com crianças não gostam do que fazem... e as crianças sentem, intuem isso.

Arte como um lugar para habitar retira do professor artista certo lugar de poder. Precisamos estar preparados... pois muitos escolhem ser professores para professar, para ensinar seu saber. Na perspectiva artístico-existencial, o repertório das artes não está nos livros, nas habilidades, na história da arte clássica, nas competências de como tocar um instrumento. Provavelmente não é uma escolha para todos: aqueles que quiserem ensinar a técnica primorosa ou professada continuarão como alfabetizadores das linguagens, e fazer desse modo será sempre um caminho possível. De qualquer maneira gostaria que o leitor atentasse ao fato de que demandas adultas, relacionadas a habilidades e talentos das crianças, podem fazê-las adultizarem precocemente, por meio, inclusive e especialmente, do trabalho remunerado e visibilidade exagerada. Crianças extremamente bem-sucedidas em algum campo, tal como cantar, dançar, representar, que eventualmente possuem mídias sociais, canal no YouTube etc., podem estar escondendo/protegendo o que Winnicott chamou de cerne do *self*; passam por um sofrimento psíquico grande, um tipo de infelicidade e dúvida, geradas pela necessidade de agradar aos outros – especialmente aos adultos – mesmo que, cotidianamente, digam que gostam do que fazem.

Arte Relacional Com Temperos Freirianos

No momento de escrita do texto premiado no concurso da FUNDAJ e agora publicado (como já mencionado), eu me encontrava bastante entusiasmada com o livro *Estética Relacional*, de Nicolas Bourriaud. Passados dez anos, meu entusiasmo diminuiu; percebo que a significação "relacional" é própria da obra de Winnicott, presente também no pensamento de Merleau-Ponty, e também já existia na noção da Flor da Vida – bem como na obra de um educador brasileiro, ele também estudioso da fenomenologia: Paulo Freire. Gosto especialmente da noção freiriana do "inédito viável".

Bourriaud é um curador francês voltado para a arte contemporânea cuja escrita para a apresentação de uma exposição deu origem ao referido livro; quando publicado no Brasil, tornou-se, rapidamente, uma referência muito citada. Passada uma década, percebo que seu pensamento foi mastigado de modo rápido, compreendido de maneira simplificada, assim como vimos acontecer com as noções de "experiência" e do "saber pela experiência" pensadas por Jorge Larossa Bondía[17], "xerocadas" pelo Brasil afora, até hoje.

Associações feitas com as ideias de Bourriaud sobre a estética relacional e meu pensamento sobre arte e infância: busca por descentrar a arte dos produtos artísticos como mercadoria! Cultivar a não dicotomia entre processo e produto: forma e conteúdo, arte e vida! suportar bem projetos poético-caóticos. E, no campo da arte e da educação, sair da forma linear, dos currículos que pensam a criança em faixas etárias e desenham propostas "do simples ao complexo"! Foi a chave em que li a *Estética Relacional*. Claire Bishop, inglesa radicada nos Estados Unidos, considera sua visão apolítica. Ela prefere tematizar "projetos relacionais" – e alerta para o risco de o argumento processual na curadoria em arte tornar-se, facilmente, entretenimento e diversão, inseridos numa "economia da experiência" – em suas palavras, "estratégia de vendas que busca substituir bens e serviços por experiências pessoais encenadas e roteirizadas"[18].

Por vezes temo que minhas ideias possam também ser lidas como algo próximo da defesa de um simples ateliê de experiências criativas, como se não se chegasse a lugar nenhum... Para não correr esse risco, trarei para a roda de conversa o educador Paulo Freire, especificamente sua noção de "inédito viável". Será preciso também apontar sempre a diferença entre arte profissional – mesmo aquela que se encontra, por opção estética, sempre em processo – e a arte

17 Ver seu Notas Sobre a Experiência e o Saber da Experiência, *Revista Brasileira de Educação*, n. 19.
18 C. Bishop, Antagonismo e Estética Relacional, *Tatuí*, n. 12, p. 112.

efêmera e existencial feita por crianças. Assim nosso ponto de chegada será o protagonismo da criança que cria, que habita o lugar da arte, bem como o modo relacional entre adultos e crianças, parte intrínseca da metodologia proposta: arte em convívio.

Priorizar a autonomia criativa das crianças é central, lembrando que protagonismo em educação estética, aqui, não será nunca sinônimo de crianças miniprodígios, atores e cantores mirins, "influenciadores" precoces. Proponho pensarmos no protagonismo como uma atitude relacional possível, em práticas cotidianas simples, inferindo a artisticidade ordinária: nas relações entre adultos e crianças, entre crianças, entre a criança e o mundo compartilhado.

Também preconizo a necessidade adulta de saber conversar com crianças e jovens no modo artístico-poético, ou seja, em uma atmosfera de expressividade, de pesquisa mútua de "quem somos".

O Inédito Viável

Encontra-se no *Dicionário Paulo Freire* um excelente texto introdutório a essa noção. Convido o leitor a visitá-lo comigo:

> Paulo Freire criou e usou pela primeira vez esta palavra/categoria inédito viável na *Pedagogia do Oprimido:*
>
> [...] os temas encontram-se encobertos pelas "situações-limite" que se apresentam aos homens como se fossem determinantes históricas, esmagadoras, em face às quais não lhes cabe outra alternativa, senão adaptar-se. Desta forma, os homens [e mulheres] não chegam a transcender as "situações-limites" e a descobrir, ou a divisar, mais além delas e em relação com elas, o "inédito viável".[19]

Trata-se, segundo Nita Freire, que redigiu o verbete no *Dicionário Paulo Freire*, de uma "categoria que encerra nela mesma toda

19 Apud N. Freire, Inédito Viável, em D.R. Streck; E. Redin; J. Zitkoski (orgs.), *Dicionário Paulo Freire*, p. 226.

uma crença no sonho e na utopia. Na transformação das pessoas e do mundo. É, portanto, tarefa de todos e todas"[20].

Os chamados inéditos viáveis "são sonhos fundamentalmente democráticos a serviço do mais humano que existe em nós", o que "nos induz a criarmos um novo homem e uma nova mulher para uma nova sociedade: mais justa, menos feia, mais democrática, relembrando Paulo"[21].

Os inéditos viáveis são, ainda segundo Nita, um lançar-se "no fértil e infinito mundo das possibilidades, quando agimos na direção à concretização dos sonhos possíveis"[22].

Pensar o projeto de ensino de arte pela perspectiva artístico-existencial, em um momento em que o Brasil vive a ameaça de militarização das escolas, cuja pauta de costumes é ultraconservadora, pode ser sonho e utopia... possíveis. Partiremos de uma simplicidade relacional, dificilmente reconhecida como subversão da ordem. As lentes freirianas politizam o discurso das prerrogativas do ensino de arte pela moldura existencial. Provoco o leitor para que, ele mesmo, pense em suas práticas como poética própria transformadora, buscando propostas de protagonismo infantil e juvenil. Nunca na direção de um exército de artistas mirins mas, antes, na direção de infâncias plurais, nas quais cada criança possa dizer e expressar artisticamente o que pensa, sente e projeta para seu futuro. Habitar seu corpo próprio. Sentir-se capaz. Escolher-se.

Habite os Âmbitos: Faça Residência, Visite, Faxine, Areje, Reforme... More

Penso que nesta altura do livro o leitor mais persistente já percebe esta ética, estética e poética que considera a arte um lugar. Eixos substanciais que dão densidade a minha formulação dos âmbitos:

20 Ibidem.
21 Ibidem.
22 Ibidem, p. 225.

o da fenomenologia do cotidiano, o da psicanálise winnicottiana e o da geografia cultural; as hipóteses de espaço psíquico, entre humanos, e de espaço geográfico, ambiental, cujo entorno é modificado e imaginado pelos humanos também.

Como morar na arte?

Evoco o verbo ocupar.

Ocupar-se de climas e atmosferas, paisagens sonoras, corporalidades inventadas e transformadas, gritar e pular e dançar e deitar no chão e congelar a ação... virando estátua. Teremos sim princípios. Resumo o essencial: silêncio e quietude/simplicidade/brincar imaginativamente. Embora tenha sugerido o grito e o pulo no parágrafo anterior, explicito agora que são gestualidades de alegria e de busca de personagens também (o rugido do leão, o pulo do gato, o bater dos tambores...: "Todo menino do Pelô / sabe tocar tambor"[23]). Mas silêncio e quietude são muito necessários, são nosso contraponto à visão de infância de uma alegria forjada, quase obrigatória; forjada porque, por vezes, beira a histeria, e também, a negação. Conectar às teatralidades do cotidiano. Ver a arte como um lugar onde pode acontecer um fórum de discussão dos mais interessantes, bem como uma espacialidade vivida para sonhar outros mundos possíveis.

Como Eu Faço?

Depois da publicação do texto que abordou a criança como *performer*, percebi que alguns leitores se apropriaram do termo sem passar pelo rito de centrar-se nas crianças mesmas. Me vi então estimulada a escrever outro texto, menos divulgado por ser uma comunicação no VI Congresso de Pesquisa e Pós-Graduação em Artes Cênicas da Abrace[24]; lá sugiro dez passos adultos na direção da criança *performer*. Vou, aqui, revisitá-los – recriá-los como percursos na direção dos âmbitos artístico-existenciais. São recursos

23 Refrão de "Todo Menino do Pelô", canção composta por Saul Barbosa e Gerônimo, gravada por Caetano Veloso e Daniela Mercury.

24 Dez Passos Adultos na Direção da Criança *Performer*. VI Congresso de Pesquisa e Pós-Graduação em Artes Cênicas, 2010. Disponível no portal da Abrace.

também para o entendimento de como fazer para morar na arte, abrindo o quintal para o usufruto das crianças.

Passo 1

Desconstruir Fundamentos Sobre a Criança e a Infância – Especialmente os Mais Sólidos

Esse passo significa aderir ao que a fenomenologia, como método filosófico, nomeia por redução – afastar-se dos construtos teóricos de modo a aproximar-se da criança mesma. A criança diante de nós: quem é ela? Como ela se nos apresenta? Como ela se relaciona com os outros, consigo mesma, com o mundo ao redor? Qual sua percepção de tempo e de espaço? E no campo das artes: como ela percebe os atos performativos propostos por nós?

Passo 2

Apresentar a Criança ao Mundo em Pequenas Doses

Esse passo é relacional, diz respeito ao papel do adulto. Para o psicanalista Winnicott, seria interessante apresentar lentamente a criança ao mundo compartilhado, à complexidade dos contextos e situações, tal como a mãe que oferece novos alimentos aos poucos e observa como seu bebê reage a novos sabores, novas texturas, como mudam seus processos digestivos etc. Apresentar a criança ao mundo é pressuposto da profissão do educador. Nas artes sugiro um caminho lento, sem pressa por resultados e que permita percursos autobiográficos em suas criações.

Passo 3

Positivar os Atos Performativos

As crianças usualmente são muito atentas aos adultos cuidadores e a seu entorno. Havia um vídeo no YouTube de um menino de menos de dois anos que esbarra no carro do pai, o alarme dispara, e ele faz uma dança… performa! Ele se assusta e depois se acostuma e depois se movimenta, percebe o pai filmando… Seu pai positivou seu gesto espontâneo. (No entanto, tenho ressalvas com a visibilidade na Internet; a positivação pode ser, e é, uma risada e um elogio, um abraço carinhoso, uma menção posterior, na intimidade). Importante mesmo é não esperar algo que ali não está, o que significaria "negativar" o processo expressivo da criança – nem tampouco dizer ao menino para não dançar, não bagunçar, não tocar novamente com as mãos no carro pois o alarme dispara… e assim por diante.

Passo 4

Inventariar os Modos de Ser e Estar das Crianças

Esse passo faz parte da manutenção de diários de pesquisa, de maneira constante. Convido a imaginar um grupo de crianças que recorrentemente brinca de heróis; por meio do inventário, ou seja, por meio da observação atenta e minuciosa de seus gestos, dizeres, combinados, ações corporais, podemos, em um outro encontro, disponibilizar um caixote com panos[25] coloridos, para que sejam as capas que permitirão aos heróis voar… Se estou atento às relações entre as crianças, posso fazer elos entre suas brincadeiras e a aula de teatro, transformada em um ato performativo conjunto. No entanto, não é uma intervenção direta, nem direção de cena!

Passo 5

Ler a Vida Cotidiana de Maneira Imaginativa

Esse passo é um convite a coisas simples. Muitos professores artistas gastam energia reclamando da falta de recursos de seu local de

25 Panos, e não roupas prontas ou fantasias como muitos fazem, mantendo uma "arara com figurinos". Ver a menção à Menina-Paragolé nos capítulos 2 e 3.

trabalho. "Ler" o espaço de modo a ter ideia sobre como ocupá-lo, criar algo no chão ou na parede, imaginar o ônibus para fazer uma ambientação mesmo que com as cadeiras enfileiradas da sala de aula… Do mesmo modo como a criança que dançou ao som do alarme do carro, existem contextos e situações nos arredores que podem nos levar a atos performativos inusitados e criativos. Imaginar é algo a ser diariamente praticado: um tipo de conhecimento, uma cognição afetiva.

Passo 6

Propiciar Situações Relacionais Para Que Surja um Espaço Potencial Entre Todos: Criança-Criança, Criança-Adulto, Criança-Mundo

Penso esse passo como algo anterior ao encontro da "aula de hoje" – faz parte da preparação do que fazer com um grupo. Faz parte do papel do adulto organizar as crianças, o que não é sinônimo para disciplinar. Podemos organizar duplas e trios, podemos fazer sorteios, podemos ter cartas que façam pares e que serão retiradas de um montinho por todos, um por vez… Ao adotar o método fenomenológico observacional e descritivo, colocamos entre parênteses teorias e currículos prévios; restam-nos gesto e palavra. A palavra poética, a palavra brincante, palavra que traga um enunciado criativo ou um depoimento introduz as crianças a mundos possíveis. Um lugar para brincar e performar. Criar possibilidades para que surja um espaço potencial entre eles, entre nós, entre a criança e sua corporalidade. Espacializar imaginações.

Passo 7

Propiciar à Criança Experiências Mergulhadas na Educação Estética

Por vezes o jovem professor de arte compreende a proposta espiral como algo "solto", sem comandos. Não é verdade. O caminho espiral gera situações, espacialidades, trilhas sonoras, propositivas imaginárias, de modo que a criança usufrua daquilo a seu modo. Mas com rigor e pesquisa, em determinada estética: quadrinhos? Contos de fada? Animais e suas posturas? Tintas e misturas de cores? Perceber o som de três sinos de diferentes afinações? E assim por diante. A condução adulta é um convite, não uma tarefa a ser executada. A experiência estética é uma obra em andamento, não um resultado a ser ensaiado exaustivamente.

Passo 8

Compreender a Infância Como Algo Relacionado ao Novo e um Campo Fértil Para o Surgimento de Antiestruturas

Reside nesse passo uma noção de infância filosófica, ou seja, equivale a pensar na infância não como uma etapa da vida ou uma faixa etária. Como já comentado, a antiestrutura é uma noção da sociologia de Victor Turner. Se nos conectarmos na novidade que as crianças trazem e são, talvez nos sentiremos mais leves e propensos a acontecimentos fora do planejado, atentos aos dizeres corporais, afetivos, relacionais das crianças entre elas, conosco, com as propostas feitas.

Passo 9

Estudar de Modo Cuidadoso os Quatro Eixos Estruturadores da Cultura da Infância: Interatividade/Ludicidade/Fantasia do Real/Reiteração[26]

Aqui vamos nos abrir para estudar a criança na chave dos estudos sociais da infância. Trata-se de colocar entre parênteses as teorias das faixas etárias e das etapas das habilidades e cognições; habituar-se

26 Palavras-chave do pesquisador Manuel Jacinto Sarmento para comentar o brincar, ver "As Culturas da Infância nas Encruzilhadas da Segunda Modernidade" em M.J. Sarmento, A.B. Cerisara (orgs.), *Crianças e Miúdos*, p. 9s.

a escrever diários observacionais, insisto; e entrecruzar o que se observou com os estudos de outros pesquisadores que também estão observando crianças em atividades artísticas, para trabalhar com os dados performativos descritos de modo interpretativo. Os quatro eixos são concepções do pesquisador Manuel Jacinto Sarmento, e vale a pena aprofundá-los.

Passo 10

Buscar Referências, Apropriar-se Delas, Positivando Seu Próprio Caminho de Desconstrução e Renovação de Leitura dos Mundos de Vida Infantis

Esse passo relembra o adulto de sua responsabilidade de trazer as crianças ao mundo, praticando o acolhimento e a solicitude. Estudar é uma forma de acolher e não julgar, não querer crianças diferentes do que são. No artigo original dos dez passos, escrevi: "Esta atitude liberta o leitor para seus próprios dez passos, mais dez, mais dez, outros dez: centenas de movimentos inter-relacionais com crianças e seus modos de ser e estar no mundo, gerando fluxo e contrafluxo: isso é vida significativa"[27].

Convite à Abordagem Espiral

Foi também entre 2010 e 2011 que meus estudos me levaram a um jogo de palavras entre abordagem triangular e abordagem espiral no ensino de arte. Como majoritariamente os professores de arte no Brasil, em especial aqueles formados nas universidades, estavam afinados com a abordagem triangular, maneira de trabalhar enunciada inicialmente por Ana Mae Barbosa cuja adesão foi imensa, alguns ouvintes de minhas aulas e palestras perguntavam: "Mas e

27 Dez Passos Adultos na Direção da Criança *Performer*. VI Congresso de Pesquisa e Pós-Graduação em Artes Cênicas, 2010. Disponível no portal da Abrace.

a abordagem triangular?" Eu dizia: "Prefiro a espiral...". Sei que, inicialmente, era uma resposta um tanto irônica, teimosa, pois não conversava de fato com a pergunta feita – aos poucos fui mudando, modelando uma forma-conteúdo, de modo a responder: "Trabalho com a abordagem espiral". Era ainda enigmático. Quando arguida novamente, dizia algo sobre a "arte integrada", ensinada a mim por Ilo Krugli e exercida nos meus tempos de Teatro Ventoforte – e também costumava comentar sobre o hibridismo das artes contemporâneas. A seguir me encontrei, então, madura para escrever o ensaio que venceu o Prêmio Mário Pedrosa em sua edição entre 2011 e 2012. Trinta anos de maturação entre os tempos de Ventoforte e o momento de escrita do ensaio, trinta anos na direção do que pode ser nomeado, emblematicamente, por arte-vida.

Assim foi a gênese da expressão abordagem espiral para o ensino de arte, a partir de uma teimosa ironia... Encontrei, pesquisando na Internet, uma imagem de espiral em cujas ondas risquei as palavras: corporalidade/musicalidade/teatralidade/espacialidade, as quais fui desdobrando. Escolhi dizer âmbitos, os lugares de arte: os âmbitos artístico-existenciais. A espiral proporciona movimento, e as palavras encontram-se juntas em uma espécie de imagem molecular do fazer artístico criativo. Fiz um contraponto ao triângulo da outra proposta, cujos vértices são constituídos, grosso modo, pelas seguintes ações: fazer arte; teorizar e fazer reflexão sobre arte; usufruir arte. Meu ensaio, hoje publicado como "Espiralidades", pensava especialmente a pequena infância, e minha crítica se dá pelo que Merleau-Ponty denomina de intelectualização da experiência. A criança entre zero e cinco anos de idade talvez se veja mais desafiada por um ensino espiral e em movimento, no qual artes visuais, música, teatro e dança se entrelaçam, sem distinção, estimulando uma necessária transformação das tarefas ou lições nas mesinhas e cadeiras... Ou seja, a abordagem espiral implica integração das artes, hibridismo e imaginação criadora. No texto mencionado, fiz o seguinte convite:

> Quero entrar na máquina do tempo com você, espiralando nossos corpos pelo túnel, para irmos até a década de 1960 e

1970, de modo a demarcar o começo de um processo que hoje é nomeado o fim das fronteiras entre-artes – algo que uniu forma-conteúdo e que leva à mistura e bagunça dos campos fronteiriços entre a dança e o teatro, as artes visuais e a performance, possibilitando cenários repletos de teatralidades e propositivas cênicas dentro de instalações; teatro fora do teatro, dança em qualquer corpo, música como paisagem sonora, silêncio e vazio, enfim, um campo fértil híbrido que, se bem explorado, levará a todos na direção de experiências estéticas das mais significativas.[28]

A Experiência na Emia-SP, Onde Foi Possível Espiralar

Minhas ideias de hoje possuem rastro, lastro, memória, registro de dezesseis anos de trabalho com crianças na Escola Municipal de Iniciação Artística[29] (Emia-SP). Revisito aqueles anos para demarcar para o leitor que nunca deixei de lado a empiria radical dos tempos do convívio no Teatro Ventoforte.

Detalhe muito importante: a Emia funciona em um parque público, no bairro do Jabaquara em São Paulo, muito próximo da estação Conceição do metrô. A escola ocupa três casas térreas no parque, sem muros, com pleno usufruto do espaço aberto, com muitas árvores, bancos, um terreno para jogar bola, brinquedos para crianças escorregarem, subirem, saltarem. Segundo detalhe, mais importante ainda: as crianças vão à Emia no contraturno da escola regular, por vontade própria (inscrições gratuitas e por sorteio).

Conto algo para o leitor, agora, sobre como percebia os alunos e alunas crianças da Emia-SP usufruírem da perspectiva adulta,

28 M.M. Machado, Espiralidades: Arte, Vida e Presença na Pequena Infância, *Currículo Sem Fronteiras*, v. 20, n. 2, p. 366, disponível em: <https://www.curriculosemfronteiras.org/>.

29 Para saber mais, em 2016 a Secretaria Municipal de Cultura (SP) editou o livro *Emia: Escola de Artes, Casa de Crianças – Uma Experiência de 35 Anos*.

que nomeio artístico-existencial, na direção de um olhar generoso ao modo de ser e estar das crianças: colocar entre parênteses a intelectualização do planejamento para encontrar com as crianças mesmas; levar em conta, com seriedade, a significação daquela escola, daquele espaço e ambiente, do ponto de vista delas; e, especialmente, não forçar apresentações voltadas para pais, ou não pressupor que arte precisaria ter exterioridade e visibilidade como exigência *a priori*. Arte pode ser algo íntimo. A criação entre crianças pode ser prazerosa, e até epifânica, na simplicidade cotidiana.

Na Emia muitas vezes trabalhamos em duplas. A dupla mais fértil que tive foi com Priscilla Vilas Boas, que ingressou na escola em minha segunda temporada por lá. Eu já tinha concretizado as pesquisas de mestrado e doutorado, e voltei a dar aulas ali com leveza, sabendo que a espacialidade da escola era muito propícia para *espiralar*. Espiralar significa, inicialmente, a mistura das artes; a liberdade de ir e vir; movimentos não retilíneos e sem objetivismos... Convite a uma corporalidade viva e pertencente ao espaço, para ser o que se é. Pesquisar o que se é. Inventar, também no corpo e sempre em relação com o outro e com o mundo, o que não se é. O que se quer ser. O que não se quer ser – mas ser, como personagem. E por aí vai.

O trabalho em dupla com Priscilla foi intenso. Bem mais jovem que eu, formada em dança na Unicamp, Priscilla tinha forte vontade de ampliar seus horizontes na pesquisa como professora artista. Foi ela uma das pessoas que me influenciou a prestar concursos, o que fiz tardiamente, já aos cinquenta anos de idade. Ela dizia: "Você deveria estar na Universidade" (para divulgar meu pensamento e ação, para poder orientar mestrados e doutorados etc.). Eu e ela afinamos. Havia momentos em que tínhamos vontade de chorar, de alegria, tamanho excesso de expressividade e significação que as crianças davam/doavam para nossas propostas. A nossa dupla era feita de "dança" e "teatro" mas sabíamos trabalhar alguns princípios das "artes visuais" e da "música". A faixa etária com a qual nossa dupla era escalada foi usualmente entre cinco e seis anos de idade – os calouros da escola. Chegamos a um ponto no qual estaríamos ensinando/praticando arte-vida. Ou éramos ensinadas pelas crianças. Ou tudo junto misturado.

Abandonar a nomenclatura oficial e oficiosa das linguagens artísticas tem a ver diretamente com a experiência da Emia, e com nossa abertura (de Priscilla e minha) para aquilo que víamos acontecer, semanalmente, diante de nossos olhos. As crianças queriam vir. As crianças eram nossas parceiras. (As crianças eram até mesmo pacienciosas com a gente…)

Com Priscilla escrevi três trabalhos para comunicação em congressos. Com Priscilla e Luiz Eduardo Cotrim criamos dois filmes independentes, não comerciais: *A Mulher Que Vira Lobo* (2011) e *Vai Virar Prazer na Profissão* (*Com Pitadas de Luto*) (2019).

Em um dos textos escritos em parceria, para uma comunicação no IV Colóquio de Pesquisa Qualitativa em Motricidade Humana (UFSCar, 2009), conseguimos registrar dois momentos de nosso trabalho; um deles aconteceu a partir do uso criativo de um tapete e de objetos do cotidiano:

> tomamos emprestado da Escola um tapete com cara de tapete da casa da vovó… e exatamente por isso pensamos, "vamos trazer objetos, colocar revistas, objetos do cotidiano bem como objetos-sucata no espaço, e propor algo às crianças?" Nunca imaginamos o sucesso desse recurso, sua "eficácia simbólica", como nomeiam os antropólogos. Em algumas das aulas fazíamos algum tipo de improvisação no tapete (seja com a palavra falada, seja com a linguagem corporal) e nosso "exemplo" era o mote da atividade de teatro e dança daquele dia. Um dos motes foi o seguinte: você está sozinho na casa da vovó; apronta mil e uma com esses objetos; em seguida a vovó chega, e a cena termina com você dizendo: "Oi vó!" Imaginar-se estar sozinho; a riqueza dos objetos que não eram "realistas, em sentido estrito"; o fato de a vovó "dar um flagra" – esses três componentes levaram as crianças a um grau de comicidade nunca visto[30].

30 M.M. Machado; P. Vilas Boas, Ensino do Teatro e da Dança Como Forma de Trabalho em Processo junto a Crianças, IV Colóquio de Pesquisa Qualitativa em Motricidade Humana, *Anais*…, p. 375.

A proposta era muito simples e até mesmo roteirizada; no entanto, as ações no tapete da vó, como usar/brincar/subverter as coisas da casa dela, os modos de fazer, para cada criança, eram livres: criar, brincar, improvisar. Nosso comando não era racionalista, não era uma instrução de jogo verbal: era feita em cena, performada – ou seja, mostrávamos uma espécie de "modelo" brincante, de grande liberdade corporal, de mostra de possibilidades de uso criativo, maluco e engraçado das coisas... A partir de nossa cena, as crianças criavam as suas, em uma espécie de *mimesis* afetiva e relacional.

No mesmo texto escrito para ser comunicado no evento, demos outro exemplo de uma improvisação recorrente, que as crianças de um grupo faziam, invariavelmente por semanas, nos momentos de "brincar no parque":

> construímos juntas e elaboramos uma atividade de parque e cênica ao mesmo tempo, e, para nós, isso foi uma espécie de "iniciação à linguagem da performance" para as crianças... sem que isso fosse planejado de antemão, nem que fosse necessário ser explicitado. Funcionava assim: uma das professoras ia andando bem devagar, de mãos dadas com nossa aluna com dificuldade motora, enquanto a outra direcionava as crianças que queriam (e precisavam!) correr, de modo a brincar de estátua. As estátuas eram "temáticas" e eram conduzidas a isso por meio de um comando verbal: um grito dizendo "Estátua de...". Duas qualidades de estátua eram campeãs do desejo das crianças: "Estátuas de brinquedos" e "Estátuas de comidas". Com isso, elas *corporificaram* o brinquedo e a comida; em seguida, com elas todas em ação estática, congeladas, chegavam as "compradoras" de brinquedos ou de comidas, professora e aluna. As estátuas de brinquedos foram sendo mais e mais aperfeiçoadas, isto é, de uma semana para outra as crianças inventaram, por exemplo, que todos funcionavam a partir de baterias ou pilhas; tinham, portanto, um lugar certo para ligar e desligar; e começavam como

> um brinquedinho gracioso, meigo e infantil... e logo depois atacavam as compradoras, o que as levava a desligarem o brinquedo/estátua/criança[31].

Visitar experiências concretas mostra que espiral pode ser o movimento da própria ação criadora. Nesse exemplo, alguém mais rigoroso, um professor tradicional, diria que era "apenas uma brincadeira", e não uma aula de teatro e dança. Na perspectiva artístico-existencial, porém, trata-se de um ato performativo dos mais interessantes, no qual as crianças mesmas se organizaram em um verdadeiro *work in process* – e aquele momento específico tornou-se não a hora do "recreio" e sim o centro da aula de artes. Nesse centro estavam suas corporalidades transformadas em personagens; suas capacidades de autocontrole e criatividade mostravam-se impecáveis; o grupo conseguia agir em comunhão, sem brigas nem dissonâncias. Todos ocupados com aquela espacialidade do parque: o ato performativo acontecia sempre no mesmo lugar – uma espécie de clareira ou pracinha, com bancos acimentados nos quais os brinquedos-crianças se apresentavam à dupla de compradoras, alinhados, tal qual uma prateleira de loja. Outro detalhe incrível: quando "desligados", todos de fato congelavam sua ação. Gostava de chamar essa gestualidade por "silêncio de corpo".

Assim, crianças entre cinco e seis anos, uma vez por semana, no ano de 2008, reuniam-se para performar algo que lhes dizia respeito; estavam juntas para brincar, com alguma seriedade, partindo de um tema que nos revelou alguns saberes: sobre ficcionalidade, sobre roteiros de filme de terror, no melhor estilo *Brinquedo Assassino*; sobre adultos tratando crianças como brinquedos, bem como sobre adultos cansados e estressados que quereriam desligar seus filhos... doze anos antes da pandemia do coronavírus e de tudo que presenciamos nos embates entre adultos e crianças em confinamento.

31 Ibidem, p. 382. (Grifo do original.)

Perspectiva Artístico-Existencial e Abordagem Autoral

Desde a publicação do texto "Espiralidades", no segundo semestre de 2020, espero por seu compartilhamento e discussão, amplitude importante e quiçá promissora. O interessante é que a publicação, e a possível leitura mais sistemática da proposta, acontece passados dez anos de sua elaboração, bem como oito anos e meio depois de minha chegada à Universidade Federal de Minas Gerais, onde meu papel social de docente na Licenciatura em Teatro vem delineando-se... E eis que eu mesma não me importo mais com "espirais" – ao menos não como necessária contraposição à abordagem triangular. A própria Ana Mae Barbosa diz que hoje prefere a imagem do zigue-zague à do triângulo[32]...

No momento, gosto de dizer e afirmar: sou a favor de uma "abordagem autoral". Com simplicidade. Triangular, espiral... Diagonal, paralela, buraco negro, vazio-cheio: *invente sua forma, crie sua forma-conteúdo; procure suas fontes, homenageie artistas cuja arte faz sentido para você. Pesquise. Usufrua. Aprenda a ser espectador mesmo daquilo que o desagrada, a princípio. Saiba criticar com argumentos. E com outros fazeres. Pratique sua narratividade – sua capacidade de descrever estados como climas e atmosferas dos ambientes e entre as pessoas, amplie a possibilidade de empatia pelas crianças e jovens: ao narrar histórias bem como ao ouvir as narrativas delas mesmas.*

■ ■

Remate

Um dia me foi feito um elogio: me disseram que meus textos eram ao mesmo tempo densos e não prescritivos. No entanto, por vezes

32 Ver S. Peterson; R.G. Coutinho, Abordagem Triangular: Ziguezagueando Entre um Ideário e uma Ação Reconstrutora Para o Ensino de Artes, *Revista GEARTE*, v. 4, n. 2, disponível em: <https://seer.ufrgs.br/>.

me pego pensando se era mesmo um elogio... Penso se minha interlocutora não queria dizer "densos *porém* não prescritivos" – e, em seguida, me disponho a prescrever:

Prescrevo aos adultos que trabalham com crianças, e aos pais, cuidadores, familiares que convivem com elas, uma dose maciça de imaginação. *Tirem seus sapatos – concreta e simbolicamente –, voltando sua atenção para os pés descalços, como sinal de simplicidade e de despojamento, mas não pisem em pregos, nem em caco de vidro, nem em cobra venenosa, só imaginem, e contem "causos" sobre...*

Não é *fake news*, é a verdade do ator e do poeta. É também a verdade da criança durante a brincadeira de faz de conta.

Junto com linhas do tempo, façam linhas do espaço: geografizem seus pensamentos, espacializem suas imaginações. A paisagem, o horizonte, o arredor está ali para ser incorporado: em vocês, entre vocês e as crianças, entre vocês e sua comunidade.

Junto com a simplicidade do pé descalço, dancem passinhos espirais, não lineares. Deem pequenos pulos.

Pratiquem muito o silêncio e a câmera lenta.

Pensem que o adulto, especialmente o professor de artes, pode ser *performer* – e um aprendiz da criança, ela mesma mestra em improviso.

Pensem na docência em artes como improviso[33]: não por amadorismo, mas por amor à sua profissão. Não se imponham o papel de animador, nem se obriguem performar alegria...! Será permitido tematizar tristeza e luto.

Retornem ao ato fundamental de imaginar e, na (in)visibilidade, ensinem as crianças a ser narradoras de si mesmas.

Sugiro que comecem assim:

Quem é você?

E que a continuidade da proposta seja sinônimo de sociabilidade. A Flor da Vida não é uma prerrogativa individual; somos

33 Escrevi um texto para ser comunicado no Congresso da Confaeb de 2017 que se intitula A Infância Como Improviso: Por uma Abordagem Espiral no Ensino de Artes para Crianças, XXVII Congresso Nacional da Federação de Arte/Educadores do Brasil. Campo Grande, 2017. *Anais...*, p. 130-140.

seres-no-mundo, e, na concepção de arte como lugar, um espaço de convívio, os pares, trios e quadras se formarão no usufruto dos atos performativos, cujo refrão pode ser, tal como na canção popular: "ai me dá um abraço/que eu desembaraço/a minha andorinha/que caiu no laço".

No término de meu texto de doutoramento, propus de fato uma Pedagogia do Laço – a partir da simplicidade da canção e conectada com aspectos importantes da obra de Winnicott, que remete a vínculos, fluxos de continuidade, na amplitude de simbologia e na concretude de cordões: fiozinhos, cordas, pedaços de lã, e tantas outras tessituras do fazer criativo compartilhado. Viva!

2 Mergulho em Práticas de Solidão Compartilhada

curativos para a falta de imaginação adulta

Sem a fantasia imaginativa, haveria completa estagnação tanto na física quanto na química, porque a formulação de novas hipóteses, a invenção de novos implementos, a descoberta de novos métodos de pesquisa experimental, a conjetura de novas fusões químicas – todas são produtos da imaginação e da fantasia.

KORNEI TCHUKÓVSKI[1]

Os fundamentos da arte-educação que predominam em uma dada cultura em uma dada época são determinados pelos conflitos de poder dessa própria cultura. Se nós vislumbramos um continuum de liberdade à esquerda, indiferença ao centro e censura à direita, percebemos que detentores de poder gravitam à esquerda quando se sentem seguros. Sob condições estáveis, a arte não é necessária para adquirir poder, então as agendas óbvias desaparecem. Detentores

1 Escritor russo, em livro publicado em 1933, no qual, diante da burocracia escolar stalinista, defendeu as particularidades da literatura e da poesia voltada para a pequena infância.

de poder se transformam em defensores da cultura. Financiamentos governamentais e privados aparecem. Líderes aclamam as artes como centrais para uma educação encorpada. Por se sentirem seguros, toleram vozes críticas, o pensamento criativo, a liberdade de expressão e a apreciação apurada.

No entanto, quando os poderosos escolhem o território do meio – indiferença – tal patronagem pode ser elusiva. Como a arte não é tida como a serviço de fins utilitários, ela é julgada desimportante. Ao ignorar a arte, ignora-se a arte-educação. Ela se torna uma caricatura de si própria.

[...]

Em tempos turbulentos, os detentores de poder se movem à direita. Embrulhando suas táticas na retórica de Deus e pátria, cooptam a arte-educação, e a própria arte, para servirem aos seus fins. Se o poder reside com o estado, técnicos são frequentemente treinados para produzirem propaganda de estado, ou desenvolverem habilidades economicamente exploráveis. [...] *Se uma cultura é concentrada na igreja, como era na Idade Média, a arte-educação é comumente utilizada para treinar técnicos a disseminarem dogmas. O som do silêncio ecoa por todo canto enquanto as visões de artistas vão escorrendo para longe. O patrocínio encolhe, a educação ossifica e a censura se revitaliza. A criatividade morre.*

DENNIS E. FEHR[2]

2 Dennis E. Fehr, Innovative Pedagogy in Art Education, em Joe L. Kincheloe; Shirley R. Steinberg (eds.), *Unauthorized Methods*, p. 183-184. (Tradução livre de Thomaz Canizza.)

Quando se entra na filosofia, lê-se no seu frontispício: "Tudo pode ser de outra maneira."

WALTER OMAR KOHAN[3]

Com a perspectiva artístico-existencial bem desenhada, surge outro desafio: qual seria a formação necessária para o adulto trabalhar naquela chave? Podemos criar novas abordagens se o currículo oficial já se encontra dado, formulado pelos "especialistas", chancelado pelos ministérios e órgãos institucionais da cidade, do estado, do país? Se pensarmos a partir da sociologia de Victor Turner, a resposta é sim – segue aqui uma tentativa, minha aposta: um convite ao leitor para a via menos percorrida, para a dor e a delícia da invenção e do risco, para a aproximação da criança tal como ela se apresenta; longe dos engessamentos teóricos, perto de sua existência "de agora". É sobre ser plural, brincante, plástica, imaginativa. E habitar os lugares das artes.

Pluralidade das Noções do Brincar

Ao mesmo tempo que publiquei dois livros tematizando o brincar, no fim da década de 1980 e década de 1990, vi crescer uma demanda social por esse tema, bem com o surgimento organizado de uma série de nichos, por assim dizer: os fabricantes de brinquedos brasileiros criaram sua Associação (julho de 1985); muitas escolas, públicas e particulares, adotaram, paulatinamente, as brinquedotecas como espaços onde as crianças vão para brincar; e não haveria um só educador que não usasse em seus planejamentos e conversas a palavra "lúdico" – nem tampouco criadores de teatro para crianças, dança para crianças, literatura e poesia para crianças que não pautassem a importância da brincadeira.

3 Visões de Filosofia: Infância, *ALEA*, Rio de Janeiro, v. 17, n. 2, p. 217.

Pouco a pouco tornei-me avessa ao movimento organizador-corporativo do brincar: adultos comandando brincadeiras, espaços, tempos e objetos da cultura fizeram surgir "uma agenda do brincar" que muitas vezes ignora a criança mesma: o adulto permanece na posição daquele que sabe de suas necessidades – e propõe, fabrica, enquadra nas grades curriculares, compra, vende, concede sem muita dialogia. Vi inúmeros exemplos desse modo de funcionamento nos últimos quarenta anos

Um resultado disso muito atual: durante a pandemia do novo coronavírus, em 2020, os adultos em suas casas não estavam preparados para que as crianças ficassem as vinte e quatro horas do dia no convívio familiar… muitos pareciam desconhecer seus filhos pequenos, bem como a necessidade de brincar livremente. Parece que brincar, ao menos nas grandes cidades, acabou por ser reconhecido de maneira oficializada como "atividade escolar" a partir dos anos da educação infantil – e não uma ação cultural própria do ser criança, de sua corporalidade, de seus modos de existir, pesquisa de si mesma, dos outros e do mundo compartilhado.

Há algo no brincar imaginativo, invisível a olho nu, que escapa ao adulto. Em meus estudos tematizando as relações entre teatro e infância, desenhando o construto da criança como *performer*, encontrei na sociologia de Victor Turner o termo antiestrutura. Não se trata de ir contra as estruturas… mas antes ir ao encontro da percepção, sociológica, de que existem modos de ser, estar, fazer, viver que não cabem em caixinhas, e que, se permitidos ou suportados pelo entorno, podem gerar novos comportamentos, hábitos e atitudes. É meu ponto de vista que o brincar imaginativo tem esse poder de inovação; um acontecimento que gera um tipo de humor inusitado, bem como revela uma pesquisa da criança mesma de seus meios inventivos – algo que, infelizmente, foi também capturado pelas indústrias culturais adultas de *produtos* voltados para a infância. A criatividade hoje é uma palavra gasta e difícil de ser dita sem que a escuta seja associada a habilidades e competências dos currículos, dos testes vocacionais, das seleções de empregos etc.

O brincar ao qual me refiro, e já me referia desde a escrita dos livros na década de 1990, prescinde de brinquedos – ao menos os industrializados, temáticos, diretivos, cognitivistas (feitos por adultos que querem ensinar algo, a todo custo). Cito um exemplo maravilhoso na obra de Winnicott: uma narrativa na qual ele comenta a capacidade de um bebê para ficar, em seu berço, observando a cortina de pano ir e voltar, em um movimento dado pelo vento... O bebê não "tematiza" se esse ir e vir está sendo criado por ele ou pelo vento (sua cognição não está organizada desse modo nem tampouco ele teria palavras a dizer sobre o fenômeno) mas o movimentar da cortina o *entre-tem*. Há algo acontecendo ali... o mundo está em conversa com o bebê em seu berço, e Winnicott afirma que nunca devemos quebrar esse elo, perguntando: você criou esse movimento ou ele já estava ali? (Pergunta cuja resposta levaria ao que tenho nomeado, em meus textos, por "realismo, em sentido estrito".) Winnicott sugere que não se quebre o paradoxo, se aquilo é ou não é criação – sabemos que não, pois é efeito do vento –, que não se responda! Que se deixe fluir o usufruto da realidade compartilhada, na possibilidade criativa e imaginativa do ato de contemplar o movimento, dado pelo vento, na cortina de pano. Para Winnicott, o que está acontecendo relaciona-se com a capacidade para brincar de faz de conta, ação que ele adjetiva de brincar "livre e criativo".

Noção de Imaginação Escolhida

Importante explicitar, também, a qual noção de imaginação me refiro, configurando o pano de fundo na defesa ao ato de brincar. Este livro procura desenhar – e aderir a – um certo artivismo, revelando com transparência conceitos e posições – éticas, estéticas, políticas – de maneira que o "texto que performa" a seguir (exercícios de agachamento poético) seja, aos poucos, percebido como resultado de um processo, criativo e criador... molhado na chuva criadeira.

Ao escrever o livro *A Poética do Brincar*, nos anos finais da década de 1990, minha adesão foi a uma noção de imaginação que percebi, usufruí, saboreei ao ler os livros de Gaston Bachelard. O filósofo trabalhou os quatro elementos da natureza e a poesia em suas Poéticas de tal modo imbricado que, ao longo de sua obra, acontece a defesa por uma "imaginação material", construto lapidado por Bachelard ao longo de suas obras. Ele também relaciona diretamente a matéria dos elementos água, fogo, terra e ar com a criança, com seu modo de ser e estar no mundo, com sua capacidade imaginativa sem mediações.

No volume da coleção Os Pensadores dedicado a Gaston Bachelard, há um excelente texto sobre sua "Vida e Obra", e lá encontramos uma breve, mas densa, discussão de sua concepção de "imaginação material":

> Bachelard insiste em distinguir a imaginação enquanto simples registro passivo de experiências, da imaginação que, aliada à vontade, é poder e criação. [...] Ela é também vontade de *mais* ser, não evasiva, mas pródiga, não contraditória, mas ébria de oposição. A imaginação é o ser que se diferencia para estar seguro de tornar-se. Essa concepção de imaginação material como atividade ("as imagens materiais – aquelas que fazemos da matéria – são eminentemente ativas") e como atividade essencialmente transformadora, movida pela "vontade de trabalho".[4]

Bachelard está debruçado sobre "outra fonte: do contato corpo a corpo com a matéria". Ele faz oposição a algo que chama de "imaginação formal": "Ao contrário, a mão trabalhadora e imperiosa apreende a dinamogenia especial da realidade, ao trabalhar uma matéria que, ao mesmo tempo, resiste e cede como uma carne amante e rebelde"[5]. É no terreno da poesia, do devaneio, do onirismo que se manifesta a fecunda pesquisa de Bachelard acerca da imaginação material.

Um artigo muito bonito, completo e esclarecedor intitulado "Imaginação, Arte e Ciência na Infância" faz um apanhado da

4 G. Bachelard, Vida e Obra em *Gaston Bachelard* (*Os Pensadores*), p. XIII.
5 Ibidem, p. XIV.

discussão conceitual sobre "a relação entre imaginação e infância, apontando alguns fatores considerados favoráveis à imaginação infantil: a arte, o tempo, a natureza, a mediação adulta e a narrativa"[6]. Gilka Girardello, autora do texto, é uma referência das mais interessantes para aqueles que querem ampliar seu entendimento sobre o papel do narrador e o que ela nomeia de "partilha narrativa". No artigo, a autora nos apresenta a Georges Jean, que escreveu um manifesto "em defesa de toda uma 'pedagogia poética' para a infância, aberta tanto à "vertigem quanto aos giros incertos dos labirintos"[7]. Outro apontamento especial do artigo reside na crítica que uma filósofa da educação faz ao que ela mesma nomeia o "bombardeio de imagens da divindade da Comunicação Tecnológica"[8]. Seu melhor antídoto, diz Gilka em sintonia com Maxine Greene, é a possibilidade da "fruição estética, especialmente o contato profundo da criança com a literatura e a arte".

Como não poderia deixar de ser, o artigo de Gilka também visita Bachelard:

> Para Bachelard, a relação com a natureza é mesmo a grande matéria da imaginação infantil: "o devaneio na criança é um devaneio materialista. A criança é um materialista nato. Seus primeiros sonhos são os sonhos das substâncias orgânicas", diz Bachelard, remetendo aos elementos – o fogo, o ar, a água e a terra – que são para ele "os hormônios da imaginação".[9]

Sim, há pesquisadores e escritores pensando diferente a criança e a infância, portanto há como questionar desenhos curriculares que ainda insistem em dicotomias entre sentir e pensar, entre afeto e intelecto (algo que Girardello nomeia, no referido artigo, por "preconceito dualista"), de modo a percorrer o caminho da artesania,

6 G. Girardello, Imaginação, Arte e Ciência na Infância, *Pro-Posições*, v. 22, n.2 (65), p. 75.
7 Apud G. Girardello, op. cit., p. 76.
8 M. Greene apud G. Girardello, op. cit, p.77.
9 Ibidem, p. 75.

da simplicidade, da disponibilidade do adulto para estar-com. Na conclusão deste livro visitaremos um deles: Gianni Rodari, autor de *A Gramática da Fantasia*, obra de importância fundamental para aqueles que seguirão na pesquisa por poéticas próprias.

Voltaremos aos *Cursos na Sorbonne* para saber como Merleau-Ponty se posicionava sobre a imaginação da criança. Sem referir-se a Winnicott, Merleau-Ponty faz afirmações muito próximas ao espaço potencial. Sinto-me bastante confortável para percorrer e aproximar suas abordagens para o fenômeno da imaginação, em especial a imaginação nos anos iniciais. Merleau-Ponty afirma que a criança habita uma zona de onirismo – e que não há, para ela, nenhum problema em transitar entre imaginação, fantasia e realidade compartilhada. No sentido fenomenológico, imaginar é um modo de ser, a partir de apreensões do que o mundo nos oferece. Uma maneira emotiva de estar consciente. Um modo de estar no mundo.

Por último, não posso deixar de mencionar, também no caminho da fenomenologia, como Paul Ricoeur trouxe a imaginação para o campo da filosofia, com rigor e seriedade, homenageando a palavra poética. Para ele, a imaginação está conectada à criação e a nossa identidade narrativa. O adulto é capaz de iniciativa e move-se por aspirações, e a imaginação é um princípio ativo de ação possível e responsável no mundo. Voltaremos a conversar com Ricoeur na conclusão deste livro.

Uma Falta

Muitos materiais editados e publicados que se dizem didáticos, no Brasil hoje, direcionam o adulto leitor a tal ponto que o professor se torna, pura e simplesmente, um aplicador dos conteúdos que outro adulto pesquisador, supostamente mais capaz, organizou para ele... Um erro metodológico grave. Infelizmente, no campo artístico, isso se tornou rotineiro, naturalizando-se: livros didáticos não consideram que o professor de arte pode ser (e, no meu ponto de vista, *deve ser*) um pesquisador ele mesmo – o pesquisador, no modo de organização brasileiro, estaria supostamente "na Universidade", compondo "comissões de livros didáticos" – e, em nome dos conteúdos, da história da arte, e agora também dos hibridismos entre as artes, não vemos respiro autoral ou criativo para os professores de arte: aqueles que, de fato, encontram-se na lida cotidiana do ensino, em sala de aula, na escola básica.

O campo de conhecimento da área de artes talvez pudesse adotar materiais "apenas" provocativos para o professor – de modo que ele mesmo pesquise, organize, invente seu repertório, crie sua poética própria. O professor pesquisador com projetos e iniciativa seria muito mais estimulante como modelo de convívio para as crianças e jovens, não acham?

Em minha experiência com jovens professores em formação, cursando a Licenciatura em Teatro da UFMG, é até mesmo a própria escola que não deseja gente criativa "demais"... Infelizmente vivemos um momento engessado, chamado usualmente por conteudista, jargão que revela um ensino técnico e racionalista, voltado para as provas e os exames vestibulares, habilidades e aptidões. No campo das artes, saber história da arte de modo intelectualizado, adquirir técnicas de atuação, desenho, dança, instrumento musical, é algo mais esperado, desejado e valorado do que a abertura para processos criativos, convívio e invenção.

Há outro dificultador: os professores se veem com dois a três empregos para conseguir uma remuneração razoável, o que estimula a indústria dos livros prontos, para serem "aplicados" por eles – um círculo vicioso, pobre de criatividade e sem desafios autorais, sem tempo livre. Brevíssima visita à etimologia da palavra escola: *scholé*, em grego, significa tempo ocioso, tempo livre. O filósofo Walter Kohan[10] aborda largamente essa questão, seu grupo de orientandos também. Triste vida de um professor sem tempo livre...

10 Para iniciar-se nesta abordagem sugiro a entrevista com Kohan publicada em 2018: I.R. Dário Jr.; L.F. Silva, A Escola como Experiência: Entrevista com Walter Kohan, *Revista Reveduc*, v. 12, n. 1, disponível em: <http://www.reveduc.ufscar.br/>.

Formação de Professores (Luxo ou Necessidade?)

Trabalhei com a formação de adultos que lidam com a primeira infância por algumas vezes, todas elas com foco no brincar e no fazer artístico.

Nos anos 1990 ofertei, de modo esporádico, oficinas para adultos: criei a Oficina do Pé Descalço, que tematizava a simplicidade do brincar no quintal – influência direta do encenador Ilo Krugli. Depois de o livro sobre o brinquedo-sucata ser publicado, também realizei inúmeras oficinas, junto à rede SESC e outras entidades, tematizando o uso criativo de objetos. Meu trabalho formativo junto a adultos continuou seu fluxo por meio de postagens de janeiro de 2011 a junho de 2020 no *site-blog* Agachamento, aulas abertas e palestras, especialmente a convite da Secretaria Municipal de Cultura de São Paulo, rede SESC e junto a trabalhos de grupos de artistas independentes, em rodas de conversa.

No ano de 1991, fiz parte de uma formação específica para as educadoras da primeira infância que ainda não tinham curso superior, iniciativa da Prefeitura da cidade de São Paulo – na época o curso de Pedagogia não era obrigatório para trabalhar com aquela faixa etária. Para tal havia um curso de ensino médio, técnico, o chamado "Curso Normal". Quem quisesse ser professor dos anos iniciais fazia esse curso e estava habilitado – ou seja, por volta dos 17 ou 18 anos de idade. O projeto voltado a esse público foi nomeado "Projeto I.C.C. – Infância e Criação Cultural"; majoritariamente feminino em seu grupo de alunas, tinha como coordenador Edmir Perrotti, professor e estudioso de literatura para crianças da Escola de Comunicações e Artes da USP. O curso aconteceu na gestão de Luiza Erundina na prefeitura de São Paulo, com Paulo Freire na Secretaria de Educação e Marilena Chauí na Secretaria de Cultura. Tempos de arejamento e de busca por políticas compreensivas frente à realidade das creches paulistanas. Trabalhei nesse projeto com alegria e sintonizada em meus anos de "empiria radical".

Vinte e cinco anos depois, trabalhei em uma formação de adultos voltada especificamente para a área de artes. No momento, para trabalhar como professora da educação infantil, já era preciso formar-se em Pedagogia – ou possuir uma equivalência, por meio dos cursos especialmente desenvolvidos para as profissionais formadas nos anteriores à lei – e a prefeitura da cidade de São Paulo, na gestão de Gilberto Kassab, cujo secretário de Educação foi Alexandre Alves Schneider, promoveu o projeto intitulado "A Rede em Rede: A Formação Continuada na Educação Infantil", coordenado pela professora e pesquisadora da infância Zilma Ramos de Oliveira (USP de Ribeirão Preto) e pelas assessoras Ieda Abbud, Silvana de Oliveira Augusto e Paula Zurawski. Essa equipe coordenou também a elaboração de orientações curriculares para a educação infantil da cidade de São Paulo, trabalho do qual fiz parte, colaborando com o pensamento curricular sobre o brincar e sobre as artes. Foram criados materiais didáticos específicos, e um texto meu, que se encontra no livro *Merleau-Ponty & a Educação*, foi escolhido para apresentar, naquela publicação, o que é fazer teatro na primeira infância[11].

E de 2012 em diante me encontro em linha direta com a formação de professores: entrei para o grupo de docentes da Licenciatura em Teatro da UFMG.

Formações Para Discutir – e Praticar – a Capacidade Humana de Imaginar

Embora minha experiência maior no ensino do teatro e das artes tenha sido com crianças entre cinco e seis anos de idade na Emia-SP, a graduação em Psicologia e meus estudos da obra de Winnicott e dos *Cursos na Sorbonne* oferecidos por Merleau-Ponty tematizando a criança pequena deram-me lastro para pensar tempos e

11 O texto, originalmente intitulado "Implicações do Pensamento Merleau-Pontiano Para Compreender a Prática Teatral Junto a Crianças", ali foi publicado como "Representação e Práticas Teatrais na Educação infantil".

espaços dos primeiros anos de vida, a repercussão da fenomenologia da criança e o campo das artes.

Em 2013, um ano depois de chegar à Universidade Federal de Minas Gerais, colaborei com um curso para professores, uma formação em artes para a educação infantil, coordenado por Ricardo Carvalho de Figueiredo e Ana Cristina Pereira e intitulado "Educação Infantil, Infâncias e Artes". Contribuí com aulas teórico-práticas sobre o ensino do teatro, e também fui convidada a criar uma unidade de discussão filosófica que nomeei "Fenomenologia, infância e arte". Escrevi dois capítulos para um livro organizado por eles – *Formação, Experiência e Criação: Curso Educação Infantil, Infâncias e Arte*[12]:.

No texto sobre fenomenologia, arte e infância aponto para o leitor a importância de observar as crianças em seus cotidianos, sintonizando em seus modos de ser e estar imaginativos, ricos em teatralidade, de modo que muitas vezes reagem ao que veem com grande intensidade, e o adulto desavisado lê suas reações apenas como imaturidade – era o caso do pavor que as estátuas vivas provocavam nas crianças, quando elas se mexiam. Para quem não tem essa referência, as estátuas vivas apresentam uma forma de arte denominada por estatuísmo, que requer a habilidade de imobilização por horas seguidas...Tradicionalmente, ao ter um dinheiro ou moeda depositados em um pote ou chapéu, a Estátua Viva se mexe, como forma de agradecimento. Observei que quanto mais nova a criança, mais apavorada ela costuma ficar, no momento em que algo supostamente inanimado se move. Observei também que os adultos costumavam simplesmente rir desse medo intenso e, por vezes, forçavam o contato da criança com o artista, não compreendendo o ponto de vista da criança mesma.

Assim tive a ideia de propor às alunas daquele curso um trabalho final tematizando suas observações acerca de crianças em situações de contato com os estatuístas. O capítulo escrito reúne seus dizeres

12 Fenomenologia da Estátua Viva: Evidências da Teatralidade no Cotidiano da Criança; Arte, Fenomenologia e Infância, em R.C. Figueiredo; A.C.C Pereira (orgs.), *Formação, Experiência e Criação.*

e suas descobertas, relacionando-os à noção de infância discutida por Maurice Merleau-Ponty. Para o filósofo, a concepção de um "mundo da criança", bem como a hipótese da "representação" própria dessa realidade, são dois erros graves das pesquisas clássicas sobre psicologia da criança. Como já apontado anteriormente, Merleau-Ponty afirma que o mundo é o mesmo – o que difere são os modos de apreensão do mesmo mundo, entre adultos e crianças; e também não haveria como "representar" o mundo durante os cinco ou seis primeiros anos de vida, porque a criança pequena não tem como distanciar-se: ela vive mergulhada no mundo, sem ter adquirido "um ponto de vista" sobre ele.

Faz de Conta e Existência: Brinco, Logo Existo

O texto sobre arte, fenomenologia e infância escrito para a formação junto à UFMG ganhou depois uma revisão ampliada para tornar-se capítulo de outro livro: *O Teatro e Suas Pedagogias: Práticas e Reflexões*[13]. No capítulo ampliado, proponho e discuto o uso, pelo adulto, do Mapa do Brincar, elaborado por mim para os cursos na formação "A Rede em Rede". No Mapa do Brincar, reuni os existenciais da Flor da Vida em um grande desenho, cujo mote é a observação dos modos de brincar: a criança brinca? Como brinca? Com quem brinca? Onde brinca e por quanto tempo brinca? Com quais coisas do mundo – brinquedos prontos, elementos da natureza, objetos não estruturados? E se não brinca? E assim por diante. Essa maneira adulta de pensar o brincar da criança e suas complexas relações durante a experiência vivida é marca da fenomenologia como método observacional e interpretativo.

Percebi que o adulto, quando apresentado ao mapa, aos poucos compreende a importância da observação adulta e é desafiado a fazer breves relatos descritivos das crianças, o que faz toda a

13 L. Hartmann; G. Veloso, *O Teatro e Suas Pedagogias: Práticas e Reflexões*.

diferença para planejar desdobramentos de propostas acerca do brincar imaginativo e do fazer teatral. Essa metodologia requer uma prática constante de escrita de diários de bordo do cotidiano vivido, o que abre, no adulto, caminho para o compartilhamento, em equipe, das brincadeiras tal como vivenciadas pelas crianças mesmas e observadas por ele.

Muitos educadores consideram, erroneamente, que a criança brinca "por natureza", e assim viram as costas para o momento coletivo do brincar, deixando as crianças e indo fazer outra coisa – arrumar armários, tomar um café, olhar mensagens no celular... atitudes próprias do cuidador leigo e dos pais. Meu pressuposto é, sempre, que o professor de crianças pequenas precisa ser bom observador da brincadeira livre, quiçá criativa, de modo a fazer intervenções que possam enriquecer a brincadeira em propostas subsequentes: criar desdobramentos a partir da observação das crianças mesmas, trazendo novos elementos, canções, histórias em quadrinhos, desenhos animados (especialmente os fora do repertório majoritário)... A isso nomeei "imaginário em processo" – em um artigo de 2010 que comentarei mais adiante – e tenho certeza de que o adulto educador exerce um papel primordial nessa formação de imaginações.

Proponho uma formação que enriqueça a imaginação não baseada na indústria cultural vigente e seu apelo de consumo de filmes, desenhos, livros, brinquedos, jogos, aplicativos. Teremos como ponto de partida a sensibilidade do professor pesquisador, que, por meio da observação cuidadosa do modo de brincar das crianças, percebe seus interesses e temáticas, e oferece novas degustações daqueles temas. No entanto, isso não é sinônimo de mandar, intervir nem roteirizar o brincar e o convívio entre pares! É algo a ser feito com delicadeza e performatividade, o que demanda tempo e pesquisa, abertura para o novo, compreensão de quem são as crianças, seus contextos familiares, para enxergar possibilidades e impossibilidades da inserção das referências encontradas fora do que se nomeia por *mainstream* ou pensamento predominante.

Anos 2000... Já ou Ainda no Século XXI, Adultos Mostram Preconceito em Relação ao Ato de Imaginar

Percebi, mais ou menos a partir dos anos 2000, em meus trabalhos junto a adultos e crianças, uma transformação nos princípios comportamentais das famílias brasileiras, especialmente no que diz respeito à religiosidade e costumes. Surgiram incontáveis vertentes evangélicas, das majoritárias até as mais simples que abriram sede nos bairros e em portinhas de garagem... Muitos sociólogos estudaram, e ainda estudam, esse fenômeno da religiosidade brasileira. Em meu campo de atuação, o ensino das artes, e especialmente o teatro, a mudança mais evidente deu-se na relação das crianças com o imaginar e suas ligações com alguns objetos da cultura (obviamente influenciadas pela comunidade adulta e seu entorno). Objetos da cultura são obras de literatura, poesia, vídeo, programas de televisão, vídeos, *podcasts* etc. que nos tocam, que nos dizem respeito, que conversam conosco... que usufruímos, ou que criticamos: enfim, são coisas do mundo compartilhado. Vi questões serem discutidas por professoras naqueles cursos de formação, bem como vivi situações no mínimo inusitadas como artista professora na Emia-SP, que giram em torno da religiosidade das famílias.

Um exemplo contundente:

> Em um exercício de teatro com crianças entre cinco e seis anos na Escola Municipal de Iniciação Artística de São Paulo (EMIA-SP), eu e minha dupla de trabalho criamos uma atividade (hoje eu chamaria de ato performativo) tão vigorosa que decidimos "mostrar para os pais", na última aula do semestre. Era um trabalho inicial com teatro de objetos, ou teatro de bonecos.
>
> Tínhamos um anjo de papel (azul, me lembro bem, eu ganhei de uma amiga) e um diabo de pá de ancinho (que eu produzi, com uma ferramenta de jardinagem); um pano estendido em um varal; a instrução de jogo era simples: as crianças

deveriam entrar pela lateral do pano, combinar quem era o anjo, quem era o diabo, e performar uma pequena cena improvisada.

O pano as cobria – era o palco do teatro de formas animadas. As duplas entravam e saíam daquele lugar interessante: o teatro de bonecos. Lugar onde a dramaturgia é própria, e lidar com o bem e o mal, encarnados em dois personagens, é um princípio, um conteúdo a ser trabalhado e desenvolvido, uma Arte. Arte da polarização, do uso proposital da radical dicotomia e do humor para dizer algo a alguém.

As improvisações foram tão geniais, que dissemos: "Vamos apresentar para os pais?"

Todos concordaram. Aconteceria dali duas ou três semanas; então, a cada aula, íamos, por assim dizer, fazer de novo, preparar, "ensaiar".

Na aula seguinte àquela, uma menina cochicha no ouvido da minha dupla (ah, ela não ia dizer o que disse para a professora de teatro): *Eu não vou fazer*. Minha dupla de trabalho pergunta: Por quê? E ela responde: *Minha mãe disse que não é para pegar no diabo*.

Quando eu voltei para a sala, minha dupla me conta o ocorrido; lembro bem que, de imediato, eu reagi: *Ah, vai fazer sim!* Algo assim, pensado e falado (ainda bem!) apenas para a companheira de trabalho… A menina também tinha adiantado que, se aquilo continuasse, ela ia faltar no dia da apresentação.

Sim, minha primeira reação foi curricular, em sentido estrito, e autoritária, não compreensivamente antropológica.

No entanto, logo em seguida mudei de ideia, pois percebi que, se insistisse, entraria em um jogo de poder entre os adultos… Estava em jogo algo maior, bem maior, sobre o qual nós, professoras de arte, precisávamos refletir. Refletir e pensar o que poderíamos fazer sobre tudo aquilo: eu vi que forçar aquela criança, depois do dizer da mãe, a enfrentar o teatro de bonecos com um Anjo e um Diabo seria sinônimo de violência.

O que fazer então?

(Sei que minhas narrativas parecerão parábolas ou histórias exemplares talvez até inventadas por mim – mas, não, aconteceram mesmo.)

Para Que Serve Imaginar?

Alguns anos depois da situação vivida na Emia-SP com o anjo e o diabo, na formação de "A Rede em rede", ouvi de uma coordenadora outra contundente história sobre uma mãe e a dificuldade dela em compreender o faz de conta: a mãe, ao ver sua filha vestindo suas roupas e sapatos e "fazendo vozes", pensou que seria necessário levá-la a uma sessão de exorcismo, ou talvez ao psiquiatra. Em choque por saber que existiam adultos que não reconheciam (e muito menos admiravam!) o brincar de faz de conta, procurei criar um texto poético, que pudesse ser mote para conversas reflexivas na formação de professores:

> Ontem visitei um planeta estranho, e bem diferente do meu. Nesse planeta as crianças que brincam imaginativamente, ao falar sozinhas e vestir as roupas e sapatos de suas mães, são consideradas pacientes psiquiátricos – ou casos para exorcismo.
>
> Pois nesse planeta o adulto vestiu tamanho realismo em sua face, mãos, pés, cabeça, tronco e membros, que a fantasia o apavora. Vestiu a carapuça: não consegue mais, nunca mais, estar nu.
>
> Por isso a nudez da criança o afasta, e o leva a colocar luvas de borracha para lhe dar banho.
>
> Ao voltar, eu tinha um gosto amargo na boca, e meu coração apertou.
>
> Onde mesmo que eu moro?
>
> Moro bem perto do limite entre faz de conta e realidade: moro de fato na borda, e isso é bom, quente e colorido. Moro num lugar onde falar sozinho é sempre dizer algo a alguém, em uma forma humana, brincante; também nesse lugar vestir sapatos grandes faz bem, e andar com a bolsa da mãe anuncia o que está por vir.

> Voltei – e meu coração só desapertou
> quando a filha do vizinho acenou para mim,
> com um sorriso no rosto tão vivo que matou
> a lembrança do planeta onde brincar é considerado loucura,
> diabrura.
> Foi quando no canto do olho do meu gato apareceu
> o reflexo de um anjo.
> Durou bem pouco: o despertador tocou.[14]

Esse excerto encontra-se em um artigo publicado na revista *Childhood & Philosophy*, intitulado "O Imaginário Infantil Como Trabalho-em-Processo". Nele revisitei Gaston Bachelard e Gilbert Durand desejando provocar no leitor um deslocamento da imaginação, afastando-o do senso comum. O usual, em termos de negatividade, seria: acreditar que imaginar é coisa de criança; coisa da cultura voltada a crianças (livros, desenhos animados, parques temáticos); coisa que atrapalha a racionalidade e a maturação dos jovens… e uma atividade, revelada também por uma atitude, que atrapalharia a produtividade do adulto, tirando seu foco, distraindo-o.

No artigo discuto o que chamo por realismo, em sentido estrito, dos adultos frente ao ato de imaginar das crianças. Uso essa expressão inspirada novamente em Winnicott:

> Os pés de uma criança não precisam ficar todo o tempo firmemente plantados na terra. Se uma menina deseja voar nós não dizemos simplesmente "crianças não voam". Em lugar disso, levantamos a criança no ar e a colocamos sobre o armário, de modo que ela sinta que voou como um pássaro para seu ninho.[15]

Winnicott estava se referindo à criança entre dois ou quatro anos: "A criança de dois, três e quatro anos está simultaneamente em

14 M.M. Machado, O Imaginário Infantil Como Trabalho-em-Processo, *Childhood & Philosophy*, UERJ, v. 6. n. 12, p. 289.

15 D.W. Winnicott apud M. Davis; D. Wallbridge, *Limite e Espaço: Uma Introdução à Obra de D.W. Winnicott*, p. 125.

dois mundos. O mundo que compartilhamos com a criança é também o próprio mundo imaginativo da própria criança, e, por isso, a criança é capaz de vivenciá-lo intensamente"[16]. O mundo imaginativo ao qual Winnicott se refere terá, necessariamente, em seu ponto de vista, desdobramentos na vida adulta criativa. Querer educar as crianças privando-as desse modo de ser e estar seria muito preocupante, e carrega consequências nocivas para o futuro. Já vi matérias jornalísticas com profissionais de empresas reclamando de jovens que chegam para serem estagiários muito pouco criativos, por exemplo, e por vezes noto essa inabilidade até mesmo em jovens atores que frequentam a graduação em teatro também. No artigo mencionado escrevi um pequeno manifesto:

> Ora, para que serve imaginar? No que concerne aos adultos, pode servir para que cada mãe, ao revisitar sua infância, toque e transforme as palavras em barquinho de papel – dentro dos quais ela poderá, ao desamadurecer, ser protegida do mar de lágrimas de uma hipotética infância infeliz. E do ponto de vista da criança pequena, brincar, imaginar e fantasiar "servem para" viver bem, de modo a fazer circular um repertório rico, anárquico, colorido de possíveis antiestruturas: noção sociológica emprestada de Victor Turner (1974) que pressupõe a construção de uma "região da cultura" livre e experimental, espaço no qual as crianças experienciam sua corporalidade, o mundo compartilhado e a dependência dos comandos dos adultos de maneira que só elas sabem dizer.[17]

Ano 2020-...

Como muitos estive, em 2020, habitando a possibilidade mais possível, durante a pandemia do novo coronavírus: individualmente,

16 Ibidem.

17 M.M. Machado, O Imaginário Infantil Como Trabalho-em-Processo, *Childhood & Philosophy*, v. 6. n. 12, p. 291, disponível em: <https://www.redalyc.org/>.

em gabinete, me debrucei sobre as situações narradas anteriormente, que conversam, direta e fortemente, com muito do que o Brasil e outros países do mundo viveram, em termos de políticas para a infância: desenhadas por pautas conservadoras, focadas na família tradicional e heteronormativa, onde crianças e jovens não são – e não devem ser – protagonistas; lógica onde os filhos devem estar subordinados ao pai, sendo que à mãe caberia amparo, cuidado e subserviência. Lembramos o leitor que, como discutido no capítulo anterior, a subserviência é alimento que fortalece aquilo que o psicanalista Winnicott denomina por falso *self*.

O modelo de infância no qual meninas vestem rosa, meninos vestem azul revela um padrão maniqueísta, persecutório, necessitado de figuras para odiar como estratégia empobrecedora dos mundos de vida e controle de qualquer outro horizonte imaginado.

Somos a favor de todas as cores: por uma caixa de lápis de cor completa!

Diante do cenário reativo e reacionário, somado ao tempo confinado, próprio da pandemia, me vi desafiada a pensar sobre a escrita de textos, autorais, criativos, que pudessem garantir às crianças o direito de imaginar. Perspectiva a partir da qual todos podem vestir rosa ou azul, e na qual colorir dentro do contorno de figuras escolhidas pelo adulto não será considerado como atividade artística (é uma atividade motora). Talvez um *anti*material didático... escolho o prefixo "anti" para nunca propor uma cartilha, nem tampouco modos de ensinar a ser imaginativo!

O que seria então?

Comecei a criar textos curtos que poderiam ser reunidos em um pequeno livro – uma brochura, um caderno para adultos (depois visualizei um calendário de mesa), com o seguinte mote:

MEDITAÇÕES DO FAZ DE CONTA
PARA ADULTOS NECESSITADOS DE IMAGINAÇÃO,

um modo de, em um futuro bastante próximo, promover discussão e debate entre pais, professores, cuidadores, avós, gestores, sobre a importância do brincar imaginativo – com foco na expressividade e na criação, nas possibilidades de sonhar, e no importante ato político que a expressão *espacializar imaginações*, tão cara à geografia cultural, carrega.

Exercícios curtos, com temáticas da natureza, os quatro elementos e fenômenos como o vento e a chuva, e temáticas da cultura urbana, uso de objetos e apropriação de espaços – de modo que um adulto qualquer, não artista, leia a brochura, para praticar sua capacidade de imaginar, e pensar sobre ela: conectando, gostaria que de modo simples e profundo, com os modos de ser e estar da criança pequena.

A criança pequena habita uma corporalidade em constante formação e transformação, o que obviamente inclui seu cérebro e aparato biológico em processo de maturação, uma vida relacional e estados de espírito e presença próprios; seus modos de pensar e sentir são, para usar termos propostos pelo filósofo Merleau-Ponty, plásticos, polimorfos. É também mergulhada em onirismo, ou seja, ela se mostra capaz de misturar realidade e fantasia, sem problemas; e também, ela não "representa", ela vive a vida. A criança citada, quando ouviu que não devia mexer no boneco do diabo (era feito com uma ferramenta de jardinagem, facilmente reconhecida), foi levada a uma pobreza imaginativa na qual a pá era o diabo – sem nenhuma simbologia cultural nem pluralidade de sentidos (sua mãe pensava de modo realista).

Por essas e por outras, a primeira infância é um tempo a ser cuidado, cultivado, compreendido em uma perspectiva generosa, em busca de maneiras pedagógicas que se mostrem não intelectualistas, em sentido estrito. Imaginar é também ir a um lugar, para o qual podemos retornar – especialmente nas artes, no cinema, na contação de histórias, na modelagem... E, bem como, na filosofia e na religião. Na ciência e em outras profissões também.

Chego então a uma clareira: um lugar encontrado, a ser ofertado como contraponto a um tipo de religiosidade dogmática, que parece estar empobrecendo os momentos imaginativos da vida das crianças. Ali crio um material, voltado para adultos e amparado em um tipo de filosofia. Houve um momento na filosofia onde a meditação era prática de diálogo consigo mesmo e, como tal, "exercícios práticos destinados a criar hábitos", como discute Pierre Hadot no livro *Exercícios Espirituais e Filosofia Antiga*[18]. Hadot nos mostra como a filosofia antiga lidou com o "exercício de presença autêntica perante si e os outros"[19] – seria por meio de exercícios concretos e práticos cujo fim será "conduzir um interlocutor a certa atitude mental determinada: é um combate, amistoso, mas real"[20].

Premissa ou hipótese de pesquisa criativa: se o adulto – qualquer adulto – praticar imaginações, ele terá menos medo do mal e da loucura, e poderá permitir às crianças maior liberdade imaginativa. A imaginação, e o conhecimento dela, podem ser o próprio remédio... tal como em estudos alquímicos ou homeopáticos.

Saber imaginar, brincar com isso, ser feliz ao brincar com palavras e imagens, criar outros mundos possíveis, compreendendo que isso é ser humano (pois o gato e o cachorro "apenas brincam", não vemos desdobramentos sonhados a partir disso). Tudo isso é também um modo de compreensão da infelicidade, e caminho para a possibilidade de transformação. Começar imaginando. Daí, talvez, o perigo visto pelos conservadores...

Relações Entre Meditação e Faz de Conta

A ideia de criar roteiros para "meditações do faz de conta" surgiu no primeiro mês da pesquisa: não foi previsto na preparação do projeto de pós-doutorado, gestado entre dezembro de 2019 e fevereiro de 2020. Com a realidade da pandemia do novo coronavírus, pareceu uma boa saída – ou, ainda, uma boa porta de entrada. No mês de abril de 2020, estive trabalhando remotamente, já afastada das funções da UFMG e no aguardo da homologação do processo

18 Devo a descoberta desta referência a Walter Kohan, a quem agradeço muito.
19 P. Hadot, *Exercícios Espirituais e Filosofia Antiga*, p. 40.
20 Ibidem, p. 41.

para me tornar pós-doutoranda na Unesp. Algo me unia a todos os brasileiros e todos os entes do mundo: o temor do coronavírus, e todas mudanças de estilos, comportamentos, modos de ser e estar... Muita, muita ansiedade no ar. Assim tive a ideia: criar meditações para adultos, de todas as idades.

Há muitos anos tenho comigo que a solução para os males do adulto pouco imaginativo e da rotina de ensino de arte poderia estar em uma espécie de "escola para adultos". Minha hipótese seria de que, ao mudar o modo de pensar e sentir dos adultos que convivem com os professores de arte nas escolas, talvez os artistas-professores tivessem um respiro, ganhando maior grau de autonomia – foco no processo e não no produto, diminuição da pressão institucional, e da comunidade de pais, por exposição, dancinha ou pecinha... e também compreensão de características próprias das aulas de artes, tais como "barulho" e "sujeira".

Penso que o adulto brasileiro, cidadão comum, não valoriza o ato de imaginar. Parte de nossa sociedade talvez considere imaginar como algo perigosamente relacionado a "não fazer nada", bem como "fora da realidade" – especialmente a continuidade das práticas de faz de conta, que são, por assim dizer, divertidas, invisíveis, e... inúteis. Haveria então uma "fase" para isso, e insistir na continuidade dessa habilidade impediria a criança de amadurecer "rumo à realidade"... Herança das perspectivas desenvolvimentistas, que requerem, como modelo de crescimento, objetividade, foco, planejamento, um tipo específico de organização enfim. A "fase" para imaginar foi classicamente chamada, pelas pesquisas do século XX sobre a inteligência e sua gênese, por "fase do pensamento simbólico". É o tempo do brincar de faz de conta. Duraria, em tese, entre dois e quatro anos de idade, aproximadamente.

Durante a pandemia do novo coronavírus, as grandes mídias, em matérias genéricas, recomendavam "a meditação": anunciada como um calmante, como uma solução à ansiedade da quarentena, mesmo que solução passageira ou temporária... Sem muito aprofundamento, sem muito explicar, presenciei, por exemplo, uma psicóloga convidada a falar do assunto na Rede Globo, cujas legendas da tela anunciavam sua filiação à neurociência, discorrendo sobre "o respirar". Com gestualidade e discursividade, dava para o telespectador a "dica" de: inspirar e expirar...! Contava os tempos, como numa aula técnica de dança; e a jornalista parecia de fato achar aquilo bacana e inovador.

Vi também pela Internet crianças de várias nacionalidades sendo convidadas a meditar; percebi que as jovens mães aderiram a aplicativos com roteiros de meditação voltados às crianças... Nessa ambientação do momento, pareceu interessante criar roteiros imaginativos, "meditações do faz de conta", como braço importante de minha pesquisa que afirma a possibilidade de uma "perspectiva artístico-existencial" para olhar a criança, o jovem, os fazeres artísticos e as relações entre arte e vida.

Tudo isso me interessa. Continuar respirando! E, para tal, nada mais importante do que focar, sim, na capacidade para inspirar e expirar; meditar; abrir-se ao pensamento e sentimento criativos. Criei meditações mais ou menos ativas – e brincantes. São roteiros para adultos perceberem, de modo encarnado, a riqueza imaginativa que o modo de ser e estar no mundo das crianças pode possuir. Educar foi concebido inúmeras vezes como maneira de moldar e modelar a maneira plástica, polimorfa (capaz de muitas formas) e onírica (sonhadora, entre realidade e fantasia) das crianças, de modo que, perto dos seis ou sete anos de idade, suportassem bem a escola com suas carteiras enfileiradas... No ensino fundamental com duração de nove anos há casos de crianças de apenas cinco anos indo para as fileiras.

Agachamentos Poéticos – e Espirais

Em meu processo de escrita e de experiência de confinamento, em conversas remotas com uma amiga praticante da meditação zen budista, percebi que meus roteiros não se configuravam como meditação, em sentido estrito – embora em uma explicação do que é meditação o monge vietnamita Thich Nhat Hanh, em um de seus livros para crianças, escreveu: "to meditate is to think quietly about something"[21] – em tradução livre: meditar é pensar com quietude sobre algo. Nessa definição os exercícios criados, a que o leitor terá acesso a seguir, cabem; no entanto, o foco de excelência em todas as meditações é a respiração, como já comentado anteriormente – e a imaginação, muitas vezes, não seria recomendada, em nome da presença e do esvaziamento mental e psíquico.

Visitei depois a nomenclatura "meditação ativa" – descobri ser uma expressão própria dos estudiosos de Carl Jung – para depois abrir mão definitivamente do termo, e abraçar, de maneira brincante, a palavra "agachamento", que deu nome a meu *site-blog* por dez anos (bem como é um exercício físico dos mais usuais...). O *blog* possuía seu próprio mantra: "Agachar-se é ir ao chão, onde a criança está." Os exercícios criados vão ao chão – por uma ou outra vez literalmente inclusive – e proporcionam ao adulto o encontro com os modos de ser e estar das crianças. Não tematizo o encontro com "a criança interior": faço foco no abrir e fechar dos olhos, e em uma espécie de leveza e sorriso nos lábios, para que o adulto perceba como a vida da rotina rotineira atrapalha o contato e a comunicação com um tipo de singeleza encontrada em ações simples e em imaginações de cenas, situações, atos performativos, que nos lembram que somos humanos. Apesar de nossa porção bicho, porção monstro, porção inumana.

Encontrei ótimas fontes de estudo e inspiração para imaginar um formato e um modo de coletar e reunir as criações: um exemplo é o livro de Murray Schafer, editado no Canadá em 2005 e no Brasil em 2018, com o título *OuvirCantar*: *75 Exercícios Para Ouvir e Criar Música*. Fiquei muito feliz ao perceber que a pesquisa com paisagens sonoras de Schafer desembocou em uma espécie de caderno de práticas, reunindo a filosofia de suas ideias, e pesquisa por décadas, em um modo simples, enxuto, mas extremamente sério e criativo, como eu gostaria de ser.

Outros modelos admiráveis são Yoko Ohno e Thich Nhat Hanh, a primeira com uma obra performativa extremamente audaciosa e

21 T.N. Hanh, *A Handful of Quiet. Happiness in Four Pebbles*, p. 7.

contemporânea, editada na década de 1970 e traduzida entre 2008 e 2009 por um grupo de pesquisadores mineiros: *Grapefruit: O Livro de Instruções e Desenhos de Yoko Ohno*. Escrito em 1964, é um exemplo primoroso de antiestrutura, no campo das artes, do teatro, da poesia.

A obra mais interessante para crianças de Thich Nhat à qual me conectei para escrever meus textos é o livro *A Handful of Quiet: Happiness in Four Pebbles*: pequena obra-prima, editada de forma cuidadosa e bonita, convidando crianças à meditação, com poesia e simplicidade.

O encontro com Paul Ricoeur aconteceu mais tarde, já com um bom caminho andado: sua obra e seu modo de ser filósofo me inspiraram a trabalhar em uma pequena hermenêutica, isto é, uma série de interpretações possíveis dos textos criados como agachamentos poéticos. Penso ser essa uma contribuição para pesquisas similares, mostrando a importância da palavra, e especialmente da palavra poética, na pesquisa em artes conectada à fenomenologia. Daí a construção do capítulo três.

Relembro, finalmente, que o brincar imaginativo, aqui, não é considerado uma etapa do desenvolvimento da criança. Afinada com a noção de espaço potencial proposto por Winnicott, remeto o adulto às possibilidades de imaginar em todas as idades, cujo "objetivo" é… ser feliz. E conhecer sua infelicidade também. De modo delicado e, por vezes, invisível. Íntimo. Daí o título definitivamente escolhido:

TEATRO DE UM SÓ

O título brinca e brinda com seriedade a discussão de muitos estudiosos e praticantes da arte teatral, que quase invariavelmente chegam a um denominador comum de que, para ser/ter teatro, é preciso ao menos duas pessoas… um ator, um espectador; alguém faz teatro, outro alguém presencia.

Poderia dizer que há teatro com uma pessoa só? Existiria teatro e uma pessoa Só?

Na pesquisa por terminologias possíveis, com o intuito de dar concomitantes densidade e leveza para a prática dos exercícios criados, tenho mais uma fonte: o livro de Pierre Hadot, *Exercícios espirituais e filosofia antiga*, como já comentado. Assim, cheguei ao subtítulo

EXERCÍCIOS DE AGACHAMENTO POÉTICO
PARA FORTALECER SUAS IMAGINAÇÕES

Pesquisa de Escrita de um Texto Que Performa

Resta ainda comentar o título deste capítulo: mergulho em práticas de solidão compartilhada. Minha dissertação de Mestrado publicada como livro chamou-se *Cacos de Infância: Teatro da Solidão Compartilhada* – noção do psicanalista Winnicott para falar sobre uma emoção, um sentimento, uma qualidade de nossa psique-soma advinda de um tipo específico de convívio entre adultos: depois de uma relação sexual bem-sucedida, cujo desdobramento, segundo ele, é um estado de presença e ausência concomitantes. Esvaziamento significativo. Um estar-com sem necessidade de nada além. Gostaria muito que a leitura e o usufruto dos textos a seguir gerassem no leitor um tipo de sensação similar.

Por diferentes vezes pedi um sorriso, no desfecho do exercício – aprendi isso também com o monge vietnamita Thich Nhat Hanh, lendo outro livro seu: *Meditação Andando: Guia Para a Paz Interior*. Para ser fiel à linguagem de Winnicott, a solidão compartilhada não seria simplesmente um sentimento pertencente à nossa interioridade, mas antes, às trocas *entre* – entre adultos em um ato de amor e vitalidade. Entre o bebê e sua mãe. Entre uma escritora e seu leitor.

Minha busca é por um texto que performa: sem necessidade de muitas explicações prévias, explicitações de conteúdos ou objetivos, separações entre práticas e teorias – mas, antes, mergulho e usufruto do texto poético, tal qual um almoço ou um jantar onde comemos, bebemos, sorvemos e, ao final, nos sentimos alimentados.

O conhecer e o brincar como alimento já é um tipo de uso da palavra, imagem reveladora dos modos de ser e estar das crianças no mundo.

■ ■

Seguem-se aqui e agora os 41 textos (40 exercícios e um texto de fechamento) – número escolhido de tal modo que se tenha um exercício possível para cada dia de uma quarentena: se assim se quiser, se assim se necessitar.

Acolhimento às dificuldades de adultos pouco imaginativos com suas crianças na quarentena vivida no ano de 2020; trabalho em nome de relações mais próximas entre adultos e crianças daqui para a frente, lembrando, de novo e sempre, que vivemos, adultos e crianças, no mesmo mundo: o que difere são os modos de apreensão, de experiência, de viver e habitá-lo.

Teatro de Um Só

exercícios de agachamento poético

[FORTIFIQUE SUAS IMAGINAÇÕES PARA AS PRÓXIMAS QUARENTENAS]

A
[Urso de Pelúcia]

Desde mais ou menos 1830, adultos criaram espaços para consertar brinquedos nos quais as crianças confiam, porque foram apresentados a elas como Hospital das Bonecas… um modo encontrado para que especialmente bonecas e ursos de pelúcia pudessem ser separados das crianças de um modo (literalmente) humanizado, para serem consertados.

Feche os olhos e imagine um lugar cheio de prateleiras onde estão os ursos de pelúcia já consertados, esperando ser buscados por seus donos crianças. Você é um deles. Imagine: seu tamanho; sua idade; sua cor… e especialmente quem é seu dono. Morador da capital ou do interior? Idade; cor da pele; nome e sobrenome. Lá vem a criança correndo ao seu encontro! Sinta o abraço, o carinho, o apego, a realidade dada ao (re) encontro.

Abra os olhos. Jure nunca mais duvidar do faz de conta: sinal de vínculo, amizade e realidade imaginada.

Abafo

Em um dia de verão – no alto verão –, espere por um calor extremo, com a sensação de ar parado. Sinta a quentura. Perceba o suor em seu rosto e nas mãos.

Saia na calçada. Observe atentamente o asfalto. Imagine quebrar um ovo que frita diante de seus olhos: no chão do asfalto, sem fogão nem frigideira...

Volte para dentro de casa e sente em algum lugar confortável. Feche os olhos e imagine um ovo – com calma e paciência. Espere o ovo quebrar e dele sair um pintinho.

Abra os olhos e sorria.

Água

Tomando banho, procure ativar suas memórias relacionadas à água: feche os olhos e sinta o contato da água com as partes de seu corpo. Perceba o espaço do lado de fora do seu corpo.

Ainda de olhos fechados, seja um barquinho de papel.

Volte.

Depois, relate essa experiência para uma criança: de preferência durante o banho de seu filho ou filha.

Andar, Parar
[formiga, elefante e pantera negra]

Na vida das crianças, andar é uma conquista incrível. Já observou como os bebês começam a andar e saem correndo, mais ou menos sem querer, pois não sabem ainda como manter o equilíbrio ereto nem como brecar o movimento?

Agora ande um pouco por onde você está. Procure por três modos de andar: marcha normal, câmera rápida e câmera lenta. O que mais o agrada? Depois feche os olhos, e imagine que você anda por três lugares: na areia de uma praia; subindo uma montanha; na calçada de uma avenida movimentada na cidade. Ande por lá nos três modos: normal, rápido e lento.

Abra agora os olhos e dê três passos de formiga. Depois de elefante. E, por último, de pantera negra.

Permita que todas as sensações permaneçam com você, em você – ritmos, lugares, animais.

Ar
[borboletas]

Escolha uma janela no espaço onde você está. Abra e feche por três vezes essa janela: de modo prático; de modo muito lento; de modo quase bruto.

Deixe em seguida a janela aberta e feche os olhos: como está o ar hoje? Nesse contato com o ar, respire: de modo prático; de modo muito lento; de modo quase bruto.

Abra os olhos e deixe suas mãos serem borboletas. Deixe as borboletas voarem: de modo prático; de modo muito lento; de modo quase bruto. No final, lembre o mito de que as borboletas vivem apenas um dia.

Num outro momento, use criativamente suas mãos diante das crianças, apenas em contato com o ar de três modos: modo prático; modo muito lento; modo quase bruto.

Pergunte às crianças o que elas veem, se podem dizer em palavras.

Árvore

Comece pensando sobre as árvores: elas possuem raízes que podem explorar o subterrâneo do solo, estão na superfície com seus troncos e galhos, e, nas alturas, parecem conversar com o céu.

Feche os olhos. Imagine uma árvore possível. Como ela é? Frondosa, grande, antiga, ou jovem, fresca e pequena? Passe um tempo brincando imaginativamente de subir na árvore e descer dela. Imagine que ela tem frutos. Pegue um deles: sinta em sua mão o peso e a textura, e cheire também.

Abra os olhos. Esfregue suas mãos por um tempo. Quando suas mãos estiverem bem quentinhas, imagine que trouxe aquela fruta para enfeitar um bolo de aniversário.

Sua fruta transformou-se em festa.

Balde

Feche os olhos e imagine um balde de antigamente, daqueles feitos de metal acinzentado. Faça barulho com ele. Observe bem de perto sua vaziúra. Sinta também sua textura. Imagine agora um bebê que vai tomar banho de balde. Deixe-o agachadinho dentro do balde, enquanto você joga nele água morna. Lave o bebê com sabão de coco, carinhosamente. Seque o bebê com uma toalha macia.

Abra os olhos e compreenda que aquele bebê é você mesmo.

Sorria um sorriso de banho de balde.

Lembre-se disso hoje à noite, na hora de dormir.

Biblioteca

Feche os olhos e se transporte para uma imensa biblioteca – daquelas que vemos em filmes: é um grande salão, com uma escada para acessar os livros em prateleiras mais altas. Imagine-se subindo a escada e passando pelas estantes de livros… observe suas cores, tamanhos, texturas… Lá no topo tire um livro da prateleira para trazer com você, ao abrir os olhos.

Abra os olhos.

Crie o título do livro imaginado.

Pense no mundo dos livros.

Seja uma personagem principal.

Bicicleta

Em 2017 a primeira bicicleta, feita de madeira para ser brinquedo de criança, sem selim, pedal ou breque, fez 200 anos. A partir de 1868, o ciclismo se tornava um esporte, e a primeira fábrica de bicicletas de metal abriu em 1875.

Agora imagine que você tem uma daquelas bicicletas primitivas de madeira e dependente de suas pernas e pés. Feche os olhos. Suba a pé uma ladeira. Em cima do celífero (nome dessa bicicleta primeira) vá ladeira abaixo, com prazer e segurança. Chegando ao pé da ladeira, abra os olhos.

Pense no grau de independência e liberdade que a bicicleta proporciona aos usuários no mundo todo – especialmente para crianças e jovens. Por último, feche os olhos novamente e enxergue uma placa imaginária que diz:

"EU VOU DE BIKE"

Campainha

A campainha é um chamamento. Um aviso. Um alerta. Hoje alguns consideram que a campainha das casas não é mais necessária: foi trocada pela mensagem de celular dizendo:

"CHEGUEI"

Mas as campainhas para chamar a aeromoça no avião ou a enfermeira no hospital são bastante importantes ainda, não acha? Feche os olhos e imagine que o técnico de campainhas chegou: você quer uma instalação desse tipo. Onde? Imagine o som e o uso de sua nova campainha.

Abra os olhos. Escolha agora o som da campainha para seu barquinho de papel – uma tradição em navios importantes.

Feche os olhos novamente. Procure por uma sensação de segurança, no corpo e no afeto, trazida pelas campainhas quando o chamamento é respondido. Deixe-se ficar por um tempo nesse lugar.

Cartão-Postal

Mandar um cartão-postal de longe e pelos correios era um hábito de viagem. Quem estava longe ficava perto – e recebia uma lembrança, podia se transportar para o lugar onde o outro estava, sentindo que importava. Hoje temos mídias: *zaps*, *memes*, *gifs*.

Feche os olhos e imagine uma lojinha de cartão-postal no tempo do papel impresso. Passeie na lojinha e procure por cartões-postais com imagens significativas para você: cidade ou natureza? Pessoas, monumentos, paisagens? Escolha um e traga com você.

Abra os olhos e pense que tem nas mãos o cartão escolhido: para quem você enviaria? Imagine o que escrever nele, sobre memória e lugares.

Cemitério

Muitos adultos – talvez até a maioria deles – não conseguem conversar com as crianças sobre cemitérios: pedem a elas para desviar o rosto e olhar para o céu; e dizem que quem não está mais entre nós "virou estrelinha".

Feche os olhos e imagine o dia em que os adultos levaram as crianças ao cemitério – o lugar será um jardim para os vivos celebrarem a vida e relembrarem seus mortos. Visualize as crianças brincando e correndo pelos lugares, entre placas e coroas de flores. Dê uma pequena margarida para uma menina de cinco anos. Segure um bebê no colo. Jogue bola com um grupo no jardim japonês.

Abra os olhos. Pense, com tranquila intensidade, como e por que cemitérios são assuntos proibidos, se tudo que nasce morre.

Chuva

Em um dia chuvoso, vá ver a chuva em uma janela, e lembre que alguns povos fazem dança da chuva. Em seguida tire o sapato e as meias e movimente cada um dos dez dedos dos pés, saudando a chuva. De modo contido, vagaroso, quase invisível, invente sua dança da chuva.

E, quando a chuva passar, sirva água potável a uma criança.

Encha seus pés e o copo d'água da criança de alegria.

Cristal

Os cristais são considerados embriões, por nascerem da terra, da rocha. São pedras transparentes que alguns chamam de "pedras de luz". Nos levam a imaginações de bolas de cristal e palácios de cristal, criações carregadas de sabedoria, poderes misteriosos, adivinhações.

Feche os olhos e imagine que, como num sonho, você chegou em casa e tudo agora é feito de cristal: portas, janelas, paredes... móveis e utensílios. Passeie pelo ambiente e sinta sua transparência, bem como uma sensação de devaneio que poderá fazer você flutuar. Depois, vá até sua cozinha. Escolha um talher de cristal: colher? Garfo? Faca? Segure o talher escolhido. Admire sua beleza. Traga-o com você. Abra os olhos. Qual uso você daria para seu talher de cristal? Adivinhe seu poder.

Depois, usando o talher como objeto mágico que ao tocar as coisas as transforma, brinque com uma criança de "varinha de cristal".

Elevador

Entre em um elevador. Não aperte nenhum botão. Sinta esse espaço, e espere. Perceba as paredes; painel de controle; porta; teto; detalhes. Depois aperte botões: do andar necessário; de um andar desejado; de outro andar qualquer.

Nas paradas do elevador, perceba semelhanças e diferenças.

No movimento do elevador, respire diferente.

Em seguida vá ao térreo, saia do elevador e perceba o "lá fora" com intensidade.

Depois, e até mesmo em outro dia, consiga uma caixa de papelão que possa simular o elevador. Diga a uma criança:

"Quer construir comigo um elevador?"

Pesquise, junto com ela, como fazer a caixa subir e descer. E criem os andares, imaginativamente: invisivelmente.

Espelho
[gato, cachorro, peixe, coelho, iguana]

Feche os olhos e imagine um espelho redondo, daqueles próprios para olharmos o rosto. Aproxime-se dele. Esse espelho é diferente: ele reflete o rosto de nossa mãe. Perceba isso por um tempo mais ou menos longo... Testa, sobrancelhas, olhos, nariz, bochechas, lábios, queixo, pescoço... Diga "oi" para sua mãe. Sorria com ela. Sorria o mesmo sorriso dela.

Abra os olhos e procure por um espelho:

– Ele reflete você ou ela?

Depois, feche os olhos e repita a experiência, com outro espelho imaginado – nele, você enxergará um animal de estimação. Gato? Cachorro? Peixe? Coelho? Iguana?

Ao abrir os olhos, volte a ser você mesmo.

Fases da Lua
[coelho, cachorro, jaguar, raposa]

A lua é um símbolo cósmico para os humanos faz muito, muito tempo.

Vista da Terra, ela tem sombras. Em uma noite de lua cheia, olhe para ela, feche os olhos e imagine formas para suas sombras: um coelho; um cachorro; um jaguar; uma raposa. Por último, uma menina que carrega dois baldes de água.

Abra os olhos – e seja, em seu corpo, a lua nova.

Ferida no Joelho

Lembre se, na infância, você caía a ponto de ter um machucado constante no joelho... Se sim, quem cuidava? Se não, imagine que sim.

Feche os olhos e se transporte para uma cena na qual bonecas brincam de faz de conta, e crianças são seus brinquedos. Hoje elas são cuidadoras. Você é a criança, e a boneca vai trocar seu curativo. Vai passar remédio; vai arder; ela vai dizer: "O que arde cura".

Abra os olhos. Pense na frase dita pela boneca cuidadora...
O que mais ardia na sua infância?

Deixe a memória arder até curar.

Festa na Lua Cheia

Existe um livro importante e bonito intitulado *Dicionário dos Símbolos*, inspiração para vários dos exercícios criados por aqui. Lá está escrito:

> A lua ilumina o caminho,
> sempre perigoso, da imaginação e da magia,
> enquanto o sol abre a estrada real
> da iluminação e da objetividade.

Nenhum símbolo possui significado apenas bom ou apenas ruim. Pense na lua e em sua importância em tantas e tantas culturas humanas... O astro das noites vai, agora, iluminar boas imaginações:

Feche os olhos e imagine a mesa posta para um banquete – um banquete que vai celebrar a grande colheita. Que comidas você vê? Quais bebidas, pratos, talheres...? Na mesma festa haverá o casamento da Lua com o Sol, e seus filhos, as Estrelas, estão correndo ao redor da grande mesa. Quem veio?

Abra os olhos. Sente-se na mesa mais próxima. Assim sentado, pense como abrir e fechar os olhos pode ser algo parecido com a renovação periódica da lua, que morre por três noites, depois renasce e cresce.

Fiozinho

Arrume um fiozinho – tal como um pedaço de barbante, lã ou corda de varal. Pode ser pequeno: apenas segure esse fiozinho na palma de uma de suas mãos, fechada.

Feche também seus olhos.

Imagine o fiozinho passeando pelo mundo... Ele se escondeu numa mala! Depois num bolso! Em seguida em um saquinho de supermercado. Por quais lugares o fiozinho se aventura? Procure imaginar as cores, cheiros, sons e texturas por onde o fiozinho vai.

Abra os olhos.

Numa noite, depois, conte para uma criança com a qual você convive "As aventuras do Fiozinho" na hora de fazê-la dormir: cores, cheiros, sons e texturas de outros mundos visitados pelo Fiozinho – imaginados por você. Na manhã seguinte dê seu fiozinho para a criança, se for seguro fazê-lo.

Fogo

De dia, seja cozinhando ou acendendo um fósforo ou um isqueiro, pense como o contato com o fogo é perigoso e proibitivo para as crianças. Mas, em seguida, lembre-se da fogueira de São João e do uso de velas nos bolos de aniversário e nas igrejas. À noite, acenda uma vela apenas para, sozinho, observar a chama.

Noutro dia, converse com tranquilidade com crianças sobre incêndios, fogueiras e velas de bolo de aniversário. Depois apague as luzes: diga a elas que vão aqui agora olhar o fogo de perto – a chama de uma vela. Convide-as ao silêncio por pelo menos cinco minutos. Observe se isso foi prazeroso ou muito difícil.

Procure por quietude – não queira, por exemplo, bater palmas ou cantar Parabéns. Se espontaneamente as crianças cantarem e assoprarem a vela, obviamente deixe acontecer – e pense como são os adultos que condicionam as ações das crianças. Diga depois:

"Vamos fazer uma coisa diferente… silenciosa… olhar para o fogo e imaginar"

E se as crianças perguntarem a você: "Imaginar o quê?", não responda – dê tempo à chama da vela.

Folha

A folha quase nunca está sozinha. Quando secas as folhas estão aos montes no chão. Quando frescas estão nas árvores, nos arbustos, em todo tipo de planta. A folha seca única parece ser uma invenção do humano botânico ou colecionador.

Feche os olhos e imagine uma folha caindo de uma árvore alta, bonita, cheirosa, interessante. Deixe a folha cair igual no cinema: em câmera lenta e em branco e preto. Quando puder, pegue a folha para sua coleção.

Abra os olhos. Guarde a folha seca imaginária dentro de um livro.

Visite a folha de vez em quando, para perceber a passagem do tempo.

Formiga

Imagine que você é a menor formiga do mundo. Feche os olhos. A menor formiga do mundo vai escalar uma montanha… quanto tempo isso vai durar? Aceita o desafio?

Deixe seu corpo-formiga ser uma miniatura; perceba que a montanha é, na verdade, um dedal de costura, prateado. Quando chegar ao topo, comemore! – descendo como em um tobogã.

Agora abra os olhos. Pense no tamanho de óvulos e espermatozoides… sim, você já foi menor que a menor formiga do mundo. Como é isso pra você? (Ou não era você?)

Labirinto

O labirinto é associado a cavernas e túneis. Foi feito de pedra, desenhado em cerâmicas, no chão e em tatuagens corporais. Sua forma foi encontrada nas mais diferentes épocas e culturas. Para alguns, existe nos labirintos algo de precioso e sagrado.

Feche os olhos e imagine encontrar no chão uma moeda quadrada, feita de prata. Ela tem gravada, em alto-relevo, a imagem de um labirinto. Agache no chão e pegue a moeda. Depois passeie lentamente na textura do labirinto – com os dedos e sua imaginação. Vire a moeda e veja seu valor.

Abra os olhos.

Dizem que os labirintos poderiam reverter situações, como vemos nos livros e filmes de viagens no tempo. Escolha uma situação de seu passado, presente ou futuro para transformar agora – de olhos bem fechados, e segurando a moeda de labirinto em uma das mãos.

Lenço

Quando um combatente levanta uma bandeira branca, está desistindo da luta, rendendo-se.

Feche os olhos e imagine um lenço branco – sinta sua textura, peso, cheiro… Dobre-o inúmeras vezes, até ficar do menor tamanho possível. Desdobre-o, e faça dele uma bandeira branca. Acene com ela. De qual luta você desiste? Rende-se a algum inimigo? Pede trégua em que campo de batalha?

Abra os olhos e procure. Encontre paz e felicidade perto da luz da cozinha.

Ao final, imagine onde deixará um lenço branco no espaço de sua casa.

Manhã, Tarde e Noite

Aguarde por um dia de sol. Vista shorts e camiseta. Pegue um cubo de gelo no congelador, coloque-o em um pires e vá em seguida para o sol. Em pé ou sentado, observe como o gelo derrete. Ao final do derretimento, feche os olhos e beba a água do pires, resultado do gelo derretido. Sinta o gosto: água ou gelo? De gelo ou de água?

À noite, erga a cabeça para o céu e conte para a lua como foi a experiência.

Na tarde de outro dia, conte para crianças o que você andou fazendo, e o que imaginou: entre o sol, o gelo, a água do gelo derretido e a lua.

Importante: A lua lhe respondeu?

Nuvem

Pense como as nuvens estão em estado "entre": entre gelo e água, vapores, fumaças e poeiras.

Feche os olhos e imagine uma nuvem que ainda não está muito carregada ao ponto de chover. Tenha paciência e espere... deixe a nuvem carregar. Observe seu lugar no céu, sua fonte de luz, seu cheiro... Até que comece a chuva. A chuva imaginada tem raio? Trovão? Arco-íris no final?

Abra os olhos e procure por um pedaço de papel e um lápis. Desenhe a nuvem. Depois recorte. Faça da nuvem recortada um balão de histórias em quadrinhos. O que você escreveria nele?

Guarde a nuvem.

Noutro momento, doe seu pensamento de nuvem a uma criança sem ideia.

Óculos

Se você usa óculos, tire seus óculos por um momento.

Agora feche os olhos e imagine que tem nas mãos um par de óculos espelhados. Coloque-o no rosto. O que você vê? Em seguida imagine colocar os óculos espelhados em um estojo, onde há outro par de óculos. Troque os óculos espelhados pelos óculos do estojo. Ele é um par de óculos de gatinho. Coloque-o no rosto. O que você vê?

Abra os olhos. Imagine pequenas mudanças em seu arredor, trazidas pela visão espelhada e pela visão de gatinho.

Por último, feche de novo os olhos, para guardar as mudanças consigo. Elas serão parte de sua terceira visão.

Ônibus, Golfinho

No tempo das carroças e diligências, um francês inventou um primeiro transporte público que levava pessoas entre a cidade e um banho público. O sucesso foi tão grande que ele se tornou um empreendedor daquele meio de transporte… Cabiam 16 passageiros. Aquele foi considerado o primeiro "ônibus", palavra que significa "para todos". Hoje existem ônibus para até 300 pessoas.

Feche os olhos e imagine um ônibus. Comum? Articulado? De dois andares? Você é o motorista. Abra a porta para os passageiros entrarem… adultos e crianças. Quem são? Para onde vão? Dirija com cuidado.

Abra os olhos e pense em seu ponto final.

Feche os olhos e permita que o lugar do ponto final da linha seja um lugar perto do mar – tranquilo, confortável. Tem cheiro de mar, barulho de mar, brisa do mar… Lá longe, você vê um golfinho. Abra os olhos novamente. Homenageie o golfinho com uma canção – tocada no rádio ou no aplicativo, cantada por você, ou apenas lembrada.

Palmas

Pense sobre o fato de os adultos insistirem para que crianças pequenas aprendam a bater palmas e a assoprar – ações que prepararão para a primeira festa de aniversário. Pense também na força dos aplausos, ao final de uma peça de teatro, ou em homenagem a alguém.

Agora feche os olhos e bata palma ao mesmo tempo.

Abra os olhos e bata palma novamente.

Feche apenas um olho e imagine como bater palma com uma mão só. Fique atento a esse som ou silêncio.

Ao final, responda para si mesmo: o que você gostaria de ter na palma da sua mão?

Pedra

Pense um pouco sobre sua relação com pedras – especialmente na infância. Você tinha uma pedra em seus guardados? Viu pedras preciosas em um museu ou no anel de alguém? Algum conhecido foi machucado por uma pedrada?

Agora feche os olhos, e imagine uma pedra que cairá do céu. Dizem que essas pedras são vivas e que, depois de caídas, continuam tendo vida.

Pegue a pedra caída nas mãos e sinta: sua textura… peso… cheiro… Depois, de olhos abertos, imagine também sua cor. Aproxime a pedra imaginada de seu ouvido: ouça dela um segredo de riqueza, outro segredo de saúde, e por último um segredo de sabedoria.

Dias depois brinque de doar a pedra invisível que caiu do céu para uma criança da Terra.

Picolé

Comece por ler este poema chamado "Menina-Parangolé":

Menina-Parangolé
Vê papai brincar na lama!
E ri, e se esparrama
Na grama da praia
Entre água e areia
Lambe um picolé:
Menina-Parangolé
Que ri, e se esparrama
E lembra do pai – sem drama! –
Dançando o Prana.

Agora feche os olhos, e imagine a menina. Ela veste uma roupa estranha, que aparentemente não combina com a praia: uma roupa-obra-de-arte. Imagine as cores e texturas da roupa. Imagine o que é e como é a Dança do Prana do pai da menina na praia. Seja o pai. Abra os olhos, vá até a padaria e compre um picolé. Lamba vagarosamente o picolé como se estivesse na grama de uma praia, entre a água e a areia.

Noutro momento sirva picolés para as crianças com quem você convive, e diga a elas: "Esse picolé é o da Menina-Parangolé". Observe cuidadosamente como as crianças reagem ao seu dizer. Pergunte a elas se querem ouvir um poema, e, se disserem que sim, leia para elas "Menina-Parangolé".

Poça d'Água

A poça d'água pode ser sinal do fim de uma boa chuva, bem como de vazamento ou água parada...

Feche os olhos e imagine uma poça d'água do primeiro tipo: restos de uma chuva daquelas que lava a alma. Tire os sapatos e sapateie na água, cante e dance: uma homenagem às águas criadeiras.

Abra os olhos. Vá a uma torneira molhar seu rosto, nuca, braços e mãos. Deixe que o contato com a água transporte para a poça d'água novamente.

Permita que a alegria de cantar e dançar permaneçam em você, com você pelo maior tempo possível.

Poeira Cósmica

Passe as mãos pelos seus móveis, de modo a sentir a poeira. Depois feche os olhos e sinta novamente suas mãos – agora com poeira cósmica. Onde é o cosmos? Imagine um lugar de horizonte sem fim.

Abra os olhos. Brinque de guardar a poeira… no bolso? Em uma caixa de fósforos? Dentro do sapato?

E, quando tiver poeira cósmica suficiente, devolva ao cosmos.

Relógio

Comece lembrando que as crianças pequenas possuem uma noção de tempo peculiar: daquela de quem acredita ter assistido ao casamento dos pais de dentro da barriga, pelo buraco do umbigo. É o tipo de tempo de ter existido sempre.

Agora feche os olhos e, bem devagar, faça o som de: TIC - TAC – TIC – TAC – TIC… e imagine o tempo de existir apenas agora. Um TIC e um TAC.

Abra os olhos e veja as horas.

Feche os olhos e perca a hora.

Abra os olhos e pense: existe o tempo de não ter existido nunca?

Por último permaneça um tempo de olhos fechados, imaginando o que há entre o tempo de ter existido sempre e o tempo de não ter existido nunca. Em qual tempo você mora?

Silêncio

Um importante músico e pesquisador canadense chamado Murray Schafer disse que precisamos redescobrir o silêncio, como "um estado positivo em nossa vida". Ele nos propõe "silenciar o barulho da mente".

Podemos tentar?
Feche os olhos.
Perceba os sons ao seu redor.
Abra os olhos.
Procure por silêncio de corpo.
Feche os olhos novamente.
Abra os olhos – e sorria, silenciosamente.
Em pé, feche os olhos novamente, e vá se agachando, do modo mais lento que conseguir.
Abra os olhos, e diga, baixinho:
"Quietude".

Tapete

Feche os olhos e imagine um tapete pequeno – do tamanho de uma esteira de praia. Deite um pouquinho nele. Depois, ainda de olhos fechados, levante-se e perceba que seu tapete virou um jardim. É um jardim de tons amarelos, tem cheiro e saudade de Primavera… como é isso? Passe a mão para sentir os detalhes… um tipo de terra; um tipo de cascalho; um tipo de flor. Enrole o tapete como fazemos com as esteiras de praia e traga-o de volta com você.

Abra os olhos e planeje o lugar de sua casa onde você vai estender seu tapete. Sempre que sentir frio, vá até ele, seu tapete de tons amarelos, e brinque de arrumar o jardim – nele é sempre Primavera.

E quando tiver visita de crianças, conte a elas como visitar a Primavera durante o ano todo.

Terra

Comece lembrando as mitologias que contam que viemos do barro. Em seguida, de olhos fechados, passe a dar pequenos tapas em sua cabeça, rosto, nuca, ombros... Imagine que seus tapinhas deixam o barro tornar-se lama.

Em seguida, de olhos abertos, continue dando tapinhas e tornando seu corpo lama.

Depois, brinque disso com uma criança.

Vento

Em um dia com muito vento, exponha seu rosto a ele. Feche os olhos. Sinta: o vento é quente, morno, frio ou gelado? De onde ele vem? Procure ouvir seu som, com cuidado e precisão. Imite seu som, baixinho. Imite seu som, com força. Assopre o vento.

Por último, abra os olhos e sussurre ao vento um segredo de infância.

Vulcão

Estima-se que os vulcões estão em atividade no planeta Terra há dois milhões de anos. Vulcano foi o deus do fogo, e a palavra vulcão é uma homenagem; um nome para um tipo de montanha que mostra, ao mesmo tempo, beleza e terror.

Feche os olhos e imagine um vulcão, agora adormecido. Suas erupções e emissões de cinzas aconteceram não faz tanto tempo… a lava arrefecida é fértil para a agricultura. Observe os arredores: o que você vê?

Abra os olhos. Pense no possível vulcão que cada um de nós possui no corpo – até mesmo crianças bem pequenas se assemelham a vulcões quando explodem em raiva e ira, não acha?

Feche os olhos. Pense em seu próprio "índice de explosividade vulcânica". Imagine que sua erupção aconteceu. Você agora é lava: magma, gases, partículas quentes. Procure resfriar. Deixe suas cinzas se tornarem pedras vulcânicas. Agache e recolha uma para trazer com você.

Volte. Abra os olhos. Guarde a pedra que trouxe em um lugar íntimo, confortável.

Procure pela pedra sempre que a raiva e a ira entrarem em erupção.

Z
[nossos encontros foram nas beiradas]

Agradeço muito a você por ter molhado os pés na beirada da minha criação... ao usufruir da proposta, aqui, dos quarenta exercícios para fortalecer imaginações, abrir e fechar os olhos e ler os textos poéticos, ativando sua capacidade para imaginar (nosso modo de fazer surgir outros mundos possíveis). E isso que praticamos juntos é o que as crianças fazem quando brincam de faz de conta.

Agora, abra bem os olhos e volte à sua vida cotidiana, com a musculatura da imaginação fortalecida, em pleno funcionamento:

Você ficou pronto,
te vejo apto
para perceber as margens
entre realidade e fantasia,
entre infância e idade adulta,
e lembrar sempre de revisitar as bordas
dos lugares de vínculo, amizade
e realidade imaginada.

3 Intimidade, Humor e Outra Temporalidade

preparação para novas quarentenas

Meu nome é Pablo / Pablo, Pablo / Como o trator é vermelho / Incêndio nos cabelos / Pó de nuvem no sapato / Pablo, Pablo / Nasci num rio qualquer / Meu nome / Meu nome é rio / Rio é meu corpo / Meu nome é vento / E vento é meu corpo / Pó de nuvem nos sapatos / Como o trator é vermelho / Pablo é meu nome / Pablo, Pablo / Meu nome é pedra / E pedra é meu corpo

"PABLO", de Milton Nascimento e Ronaldo Bastos, de *Milagre dos Peixes* (1974).

A canção Pablo conversa diretamente com os textos que o leitor encontrou no capítulo anterior, bem como com os que seguem neste capítulo. A canção faz parte da produção de Milton Nascimento na década de 1970, e encontra-se no álbum Milagre dos Peixes *– seu trabalho mais experimental, cujas letras foram proibidas pelos censores da ditadura militar no Brasil, em quase todas as faixas do disco. Mesmo assim, Milton insistiu com a gravadora e fez um trabalho original com sua voz... Quando lembrei a canção, pensei (sintonizada também na canção de Zé Rodrix): tudo já foi criado, tudo já foi inventado; tudo se encontra no mundo, à nossa mão... somos todos* remixers.

Desmontagem

Neste capítulo o leitor encontrará um trabalho de desmontagem. Desmontagem é uma palavra própria do campo das artes da cena, cuja origem remonta aos anos de 1960-1970, quando grupos de teatro começaram a fazer apresentações, rodas de conversa, discussões sobre seus bastidores, suas metodologias e seus processos de criação, de modo que os espectadores tivessem acesso ao *work in process* – obra em andamento –, e não apenas ao resultado, ou seja, o espetáculo final. É meu ponto de vista de que a desmontagem aproxima-se da fenomenologia por seus aspectos descritivos e por buscar, de algum modo, afastamento de juízos de valor. Este capítulo vai mostrar a fenomenologia do processo de união entre meus estudos acerca da infância e minha escrita poética, nomeada, além de agachamentos poéticos para fortalecer suas imaginações, também de microdramaturgias.

Diários de Bordo

As adesões ao *work in process* – obra em andamento – e à fenomenologia como metodologias levam à escrita em fluxo contínuo de diários de pesquisa. Tenho essa rotina há muitos anos e ali posso encontrar a cronologia de criações e de trabalho intelectual – incluindo percalços, questionamentos críticos, impasses. Visitando os diários também vislumbro como espacializei imaginações, expressão já comentada; ali estão relatos de como busquei encarnar no texto os conceitos estudados há tanto tempo, em nome de algo que gostaria de um dia nomear por *um texto que performa*.

Breve Cronologia Para o "Work in Process" – Obra em Andamento

Meu afastamento da universidade para o pós-doutoramento iniciou-se no dia 30 de março de 2020, no mesmo momento da pandemia agravada no Brasil e no mundo. Precisei de um tempo para repensar meu projeto original, elaborando um "projeto de gabinete" em diálogo com temas centrais: o brincar imaginativo e suas relações com o teatro; as relações adulto-criança; a riqueza do olhar fenomenológico para a infância; a fenomenologia como metolodogia de pesquisa em artes.

Na segunda metade do mês de abril de 2020, surge a ideia de escrita de uma série de exercícios; crio a noção de "meditação do faz de conta para adultos". O primeiro exercício escrito é o que tematiza a Água. Decido então, de modo consciente, iniciar pelos quatro elementos, e sigo escrevendo: o exercício do Fogo, depois do Ar, e por último da Terra. A seguir percebo que estou entrando em um tipo de padrão, criando um modelo, e me desvio para outros temas: as coisas do mundo. Assim juntei natureza e cultura.

Na última semana de abril escrevo no diário:

> um cerne – conversar com "a comunidade adulta" sobre a capacidade imaginativa EM TODAS AS IDADES – e nas/por meio das "meditações do faz de conta", para que possam tornar-se capazes de admirar INVISIBILIDADES. Em tese, isso diminuiria a pressão, a necessidade de "CRIANÇAS NO PALCO" ------------ ---------- CRIANÇAS NA VIDA – buscando, criando, HABITANDO seus corpos e mentes.

Estando bem perto da Páscoa, a primeira ministra da Nova Zelândia Jacinda Ardern (eleita em 2017 e reeleita para novo mandato, tendo renunciado em janeiro de 2023) – país que melhor geriu a crise mundial do novo coronavírus – falou em rede nacional que o Coelho da Páscoa estava liberado para circular no país: o Coelho da Páscoa foi considerado um trabalhador essencial. Foi um ato performativo dos mais interessantes. Podemos pensar, obviamente, que faz parte de um marketing institucional ou qualquer coisa do tipo, mas o modo como anunciou mostrava, de fato, sua preocupação e empatia com as crianças confinadas, algo que Winnicott nomeou por *concerning*, termo que os brasileiros traduziram por preocupação. Jacinda também liberou para o trabalho a Fada do Dente, mas avisou que o momento não estava nada fácil, e então talvez esses trabalhadores não conseguissem chegar a todas as casas... Ao mesmo tempo conversou com os adultos, de modo que pudessem trabalhar em favor da caça aos ovos de Páscoa em suas comunidades; criou uma campanha de ovos de papel, de modo que as crianças imprimissem uma imagem desenhada e colorissem, enviando para as mídias sociais do governo. Um exemplo maravilhoso de como os estudos da infância podem influenciar políticos e gestões públicas.

No início de maio, pensei que poderia criar uma "OFICINA DE IMAGINAÇÕES para adultos necessitados".

E também no início de maio o ator Flávio Migliaccio tirou a própria vida, já idoso. Deixou um bilhete escrito à mão, que seu filho disponibilizou nas mídias sociais; as últimas palavras do texto: "cuidem das crianças de hoje". Esse fato mexeu demais comigo. Pensei que deveria honrá-lo em meu pós-doutoramento. E daqui em diante, sempre. Foi em sintonia com ele que pensei a expressão

ARTIVISMO PARA AS CRIANÇAS DE AGORA.

Quase no meio do mês de maio consigo ver que os textos – que ainda chamo de "meditações para adultos necessitados de imaginação" – são potentes para que eu inicie, no futuro pós-pandemia, algo que sempre chamei, idealmente e em meu percurso como educadora, por "Escola de Pais". Tenho essa pretensão desde o começo dos anos 2000 quando atendi, por um breve período, crianças em consultório, como psicóloga clínica. Percebia que, usualmente, quem precisava de ajuda e trabalho terapêutico eram as mães. A crise do novo coronavírus aguçou essa percepção de um modo quase violento.

Também naquele mesmo período do mês de maio percebo que estou criando algo que posso chamar de "ações de interioridade": "em nome da liberdade de expressão / em nome do direito à imagem [privacidade da criança]". Também nessa altura iniciei outro mote temático dos exercícios, que depois chamarei de "Cidade", em contraponto a "Natureza". No fim de maio havia escrito dez exercícios que, reunidos, chamei de

E no último dia do mês chamo os exercícios de "roteiros poético-existenciais".

Em junho crio uma sequência que posso nomear por "coisas do mundo" – incluem, naquele momento, os textos "Espelho" e "Tapete". Penso no imaginar como um direito, um princípio questionador e uma habilidade preparadora para transformação. Um direito, não uma obrigação curricular!

No dia 21 de junho tenho a ideia de editar os textos tal como um calendário; naquele momento imaginei que poderia conter trinta e um exercícios, um para cada dia do mês. Ali tenho dezesseis exercícios escritos; quando me sinto criativa, percebo que os textos são também "sínteses de mim" e escrevo no diário que "o faz de conta é a morada da imaginação". Habitar o aqui-agora é modo de suportabilidade para o tempo da quarentena e a situação de isolamento social.

No começo de julho, percebo que posso agrupar os textos assim:

Natureza & Cidade (Mundaneidade)
Tempo (Temporalidade)
Espaço (Espacialidade)
Eu (Corporalidade)
Eu-com-os-outros (Outridade)
Palavras ditas e escritas (Linguisticidade)

Assim, daquele momento em diante vislumbrei as relações dos textos que estava criando com a imagem e a noção da Flor da Vida, algo determinante para pensar este capítulo da "desmontagem" do processo criativo e da relação com minha obra anterior.

No final de junho ainda estou apegada a uma ideia que tive nos primeiros meses do pós-doutorado – manter um Grupo de Estudos Remoto em meu *site-blog*: escrevi nove postagens discutindo arte e infância, abertas para comentários; convidei algumas pessoas de meu círculo de amigos e leitores para participar, se pudessem e quisessem. Pensava ser esse um modo de ter discussão ampliada, algo previsto no projeto original e impossibilitado de ser feito presencialmente na Unesp. Foi uma ideia interessante e potente, mas percebi depois que fazer daquela discussão um capítulo deste livro não seria a melhor ideia. Acabei inibida com a feitura do texto ao ler no site de uma editora importante que não aceitam originais que já tenham sido publicados na internet.

Também em meus apontamentos de junho me perguntei: "Como conseguiria homenagear Winnicott e Merleau-Ponty 'deixando-os' no século XX, e na Europa?" E um subtexto dessa pergunta vem em um apontamento, em seguida: "ou o que é avançar nesse sentido? É retomar Paulo Freire?"

É no dia 23 de junho que tenho um *insight*: "E se o caderno das imaginações de faz de conta chamasse TEATRO DE UM SÓ?". E escrevo em seguida: "é sobre abrir e fechar os olhos". Foi desse modo que abri mão do termo "meditação", cujo cerne é a respiração. Alguns dias depois escrevo: "SER O QUE SE É, artisticamente"

Mais outros dias depois anoto: "hoje cedo me veio esta ideia: dos AGACHAMENTOS IMAGINATIVOS". Naquele momento da pesquisa estou feliz e entusiasmada com o livro *OuvirCantar* de Murray Schafer, cuja existência descobri ao comprar *O Ouvido Pensante*; quando o livro chegou a minhas mãos, percebi que era algo bastante próximo do que estava criando e almejando no campo do teatro e da performance, em conexão com o brincar de faz de conta.

Quase no último dia de junho, percebo que dizer TEATRO DE UM SÓ pode gerar um equívoco: como se eu abrisse mão da noção de arte relacional, e do teatro como convívio. Esse questionamento ficará no ar…

Nos primeiros dias de julho trabalho em um texto que pensava ser o capítulo 1. Depois percebo que produzi uma espécie de memorial; fico um tanto crítica, tal como escrito no diário, "'em torno' do Winnicott / 'em torno' do Merleau-Ponty, encontro uma identidade própria". Ali considero que atingi algo em 2013 ao escrever, e apresentar-performar o texto "Fenomenologia da Infância: o Direito da Criança a Ser o Que Ela É".

Também naqueles dias afirmo:

> PROPONHO UMA PRÁTICA
> ▪ uma prática pandêmica, solitária
> ▪ uma prática de antiestrutura
> pois não é virtual / eletrônica / *on-line* / *status*, filminhos...

Em 11 de julho escrevo para a supervisora da pesquisa, Carminda André, afirmando pensar que "o direito a imaginar", bem como um "artivismo para as crianças de agora", são maneiras de politizar a escrita. Sinto essa necessidade por me ver isolada em meu apartamento, e não gostaria de me manter ocupada de um livro "na bolha/para a bolha"... meus pares, meus amigos, os leitores do meu *site-blog* Agachamento etc.

Em meados de julho decido investigar, em uma arqueologia de diários de pesquisa antigos, a data de minha descoberta/criação da noção de âmbitos, isto é, da arte como um lugar. Interessante pois, naquele tempo, ainda não trabalhava na universidade, e não pensava nem organizava os diários como penso e organizo agora... Talvez por isso não consigo localizar com precisão um dia, mês e ano em que tive o *insight*, escrevi as palavras, fui minuciosa com esses termos. Acabo inferindo que foi no segundo semestre de 2011, por ser o momento no qual escrevia o ensaio para o Prêmio Mário Pedrosa.

Também em julho li quatro exercícios *on-line* para Carminda André. Foram eles: "Água", "Balde", "Espelho" e "Silêncio". Foi um dia importante: percebi, na emoção de Carminda, que os textos estavam, sim, carregados de potência criativa. Também enviei um arquivo de vinte exercícios para uma psicóloga conhecida, mãe de uma criança de quatro anos, de modo a saber o que ela pensava, o que ela "leria" nesses textos curtos e poéticos... e a resposta também foi entusiasmada, tocada/tocante, o que foram sinais de estar em um caminho interessante.

Logo em seguida, um domingo pela manhã, penso na formulação:

> EXERCÍCIOS DE AGACHAMENTO POÉTICO
> PARA FORTALECER SUAS IMAGINAÇÕES

Chegando o início de agosto, percebo com maior serenidade qual é meu projeto. Está escrito no diário:

> Os exercícios são propostas para << espacializar imaginações >>,
> habitar o lugar do faz de conta:
> O ESPAÇO POTENCIAL,
> transpor-se para o modo de
> SER E ESTAR das crianças
> (ONIRISMO, POLIMORFISMO, NÃO REPRESENTACIONALIDADE)

Fui aos poucos percebendo as relações entre o espaço potencial para Winnicott e a noção de espacialidade da geografia cultural, a ponto de considerar que espacializar imaginações é a própria metodologia criativa. Fico também confortável com as relações entre essas noções espaciais e meu trabalho em torno da arte como um lugar – um lugar para habitar em gesto e palavra. E, mergulhada nessas reflexões processuais, comecei a abrir mão da expressão "abordagem espiral" para o ensino de arte, substituindo-a por "abordagem autoral", ou seja, aproximando-me das possibilidades pedagógicas de Paulo Freire.

Aprendi a fazer a pergunta "Do que não abro mão?" ao longo de minha vida de formadora de adultos… aqui, nesta pesquisa, não abro mão de um olhar e uma atitude. Está assim no diário:

> A via menos percorrida
> A criança como "pessoa de pouca experiência"
> A poética própria – do educador artista
> Hipóteses de antiestruturas

Em anotações do dia 13 de agosto, percebo que posso centrar o livro nos exercícios de agachamento poético, para em seguida trabalhar com "um breve exercício hermenêutico" – surge a ideia deste capítulo, associada a uma espécie de "como usar"… e uma menção às próximas quarentenas.

Alguns dias depois surge o que considero o cerne do livro: "uma contribuição para a imaginação criadora".

No dia 24 de agosto me ocorre como que uma pergunta de pesquisa tardia: "Quais as reais necessidades [acerca da imaginação] nas relações adulto-criança?"

Curioso que junto com esse apontamento está a expressão "localização teórica", e também, "geometrias de poder móveis". Gosto das expressões, que advêm da renovação de minha leitura de Doreen Massey. Descubro, pela internet, que ela faleceu em 2017, e também assisto a alguns vídeos de conversas gravadas com ela e que se encontram *on-line*. As expressões são ditas por ela em uma palestra gravada[1].

Nos primeiros dez dias de setembro me dispus a um trabalho intensivo para chegar a quarenta exercícios de "agachamentos poéticos". Visualizo que posso chamar o que quero fazer no futuro imediato por:

"FORMAÇÃO DE INFÂNCIA".

Também me apego a um possível subtítulo:

"TROCANDO EM MIÚDOS",

expressão que brinca com o significado disso para os brasileiros, e a palavra "miúdo" para os portugueses, que significa "criança".

Surge também o desejo de argumentar que os exercícios se tornaram

"UM TEXTO QUE PERFORMA".

De todos os apontamentos, desejar "um texto que performa" é o mais pretensioso. Como eu poderia afirmar que os textos criados performariam... por si só? Ou ainda, como garantir que o leitor será um parceiro *perfomer*? Logo repenso, em uma maneira crítica e

1 D. Massey, Sessão de perguntas e respostas após fala acerca do *Kilburn Manifesto*, 19 jun. 2013.

despretensiosa: no início de setembro escrevo no diário algo sobre a necessidade de voltar a ler Winnicott e suas distinções entre sonho, devaneio, fantasia e imaginação, pois percebo que haveria o risco de minha proposta ser recebida como

> propostas para sair de si –
> alienar-se,
> negar-se,
> esquecer de escolher-se
> [como adulto!]

– o que não desejo, absolutamente.

A partir dessa reflexão surge um modo de dizer, um termo que talvez defina com alguma precisão minhas proposições:

"CONCRETUDES IMAGINATIVAS"

No dia seguinte, anoto: "pílulas imaginativas"/"escritas criativas", e vou pensar sobre manter um trabalho em fluxo contínuo no formato de *podcast*, pois desse modo me parece possível propor o exercício e, a seguir, fazer um comentário que o contextualiza.

Percebo que vou e volto na ideia do texto que performa. Em meados de setembro escrevo:

> Perfoma o quê?
> A perspectiva artístico-existencial
> As relações adulto-criança
> "Ser o que se é" –
> Escolher-se
> (Não fala sobre
> teoria – encarna a teoria no texto poético)

E, na segunda metade de setembro, com os exercícios considerados por mim prontos, e agora optando por organizá-los em um arquivo em ordem alfabética, senti estar pronta para o desafio da escrita deste texto que já vinha chamando de "Capítulo 3":

Quais imaginações espacializei?
Como? Por quê?
Qual a atitude de ocupação desses espaços
que estou propondo?
[e se acontecer "noutra direção"?]
Disciplinar?
"De direita"?
Autoritária?
Engessada?
Reprodutiva, em sentido estrito?
...
etc.

De fato, preocupações com o uso posterior dos exercícios de agachamento poético levaram a politizar o texto, explicitando minhas pautas. São as principais delas: a compreensão fenomenológica das crianças e seus modos de ser e estar; o valor do brincar imaginativo; o valor do teatro e seu ensino – não como arte espetacular, mas como campo de expressividade e liberdade criativa.

E foi no final de setembro que consegui fazer um desenho (quase) bem contornado de meu projeto:

meus textos são
INTERPRETAÇÕES, ADULTAS,
DO MODO DE APREENSÃO DO MUNDO
(DA NATUREZA, DOS ADULTOS, DAS
COISAS DO MUNDO)
DA CRIANÇA PEQUENA"
"descrever, comentar e desenhar panoramas"

▪ ▪

Redes de Significações: Nexos, Fluxos e Tramas de Sentido

Com base em estudos preliminares sobre análise de conteúdo, desafios nas orientações a alunos em pesquisas de graduação e de pós-graduação no campo da arte, bem como em minhas leituras para a escrita de mestrado e doutorado, construí as relações a seguir. Lendo exaustivamente os quarenta e um exercícios poéticos criados, percebo possíveis unidades de significação: associo os textos a temáticas, agrupo aqueles que possuem semelhanças, separo as singularidades, e trabalho, intelectual e afetivamente, com meus eixos estruturantes anteriores – os existenciais da Flor da Vida e os âmbitos artístico-existenciais. Busco, de modo lento e paciencioso, o que há de inusitado, desconhecido e invisível nas microdramaturgias.

Trata-se de tornar transparente, na medida do possível, os meios de criar: escolhas, referências, fontes de água para beber. Modos de interpretar e doar, para o leitor, a amplitude do que foi, e é, habitar a fenomenologia da criança: em contraste com perspectivas de sobrevoo – que hoje brinco de chamar de "modo *drone*" – no qual haveria (ainda!) a crença na isenção do pesquisador na análise de seus dados de pesquisa e de criação.

O Modo de Ser da Criança de Zero a Cinco Anos

Este é o maior pano de fundo de todos os textos. É como se eu quisesse que o adulto leitor, por meio de um tipo de sensibilização poética, e um tipo de humor também, percebesse como a criança pequena conecta com a natureza; como a criança humaniza seus brinquedos, pertences, acontecimentos banais; como a criança tem outro modo de apreender as coisas do mundo, embora o mundo seja compartilhado com adultos.

Importante sempre demarcar isto: para a fenomenologia, não existiria "o mundo da criança". O mundo é o mesmo. Diferem as percepções dele, entre crianças e adultos. Três elementos da diferença, segundo Merleau-Ponty: polimorfismo, onirismo e não representacionalidade, aspectos discutidos anteriormente. Estão comentados no Glossário ao final do livro também.

Sobre A e sobre Z: União Entre Teoria e Prática

Forjei propositalmente as letras "A" e "Z" para os textos de abertura e fechamento da sequência de exercícios. Observem que há um fragmento de frase em comum nos dois escritos: "vínculo, amizade e realidade imaginada". No primeiro texto as palavras são associadas ao faz de conta; no segundo texto, as palavras são características de um lugar. Assim entrelacei teoria com meu discurso poético e artístico, pois o lugar e o faz de conta são sinônimos para o "espaço potencial" tal como concebido por Winnicott. Posso dizer que disso não abro mão. Posso dizer também que são palavras que designam solicitude.

Pretendi, como em outras vezes em meus textos criativos, ir além da noção de animismo – no estilo "dar vida" aos brinquedos, um clássico da indústria cultural voltada às crianças; por meio das imagens e das propostas imaginativas em sua concretude, *o brinquedo sou eu. Brinque comigo!*

Os Quatro Elementos da Natureza

A trilha é bachelardiana: recorre, homenageia, revisita as leituras das Poéticas do filósofo Gaston Bachelard. Para o leitor que não o conhece, penso ser A *Poética do Espaço* e A *Poética do Devaneio* seus livros mais referendados; outros nos remetem diretamente aos elementos da natureza, como A *Psicanálise do Fogo*, A *Terra e os Devaneios do Repouso*, A *Terra e os Devaneios da Vontade*. Sua obra é vasta, densa, e requer do leitor contemporâneo habitar outra temporalidade – não se lê rapidamente, e é preciso gostar de poesia para usufruir da capacidade infinita do filósofo de encontrar referências que conversam com suas ideias projetadas para a feitura dos livros. Mas é possível, também, aprender a gostar de poesia e ler, pacienciosamente, Gaston Bachelard. Destaco que as introduções de cada poética mostram seus processos de feitura e criação. Tento mimetizar isso – algo muito próprio da metodologia descritiva fenomenológica.

No entanto, a adesão a criar e fazer arte em conexão com elementos da natureza, e sua relação com a infância, é bastante anterior. Remonta aos dois anos e meio de formação artística na Casa do Ventoforte, pois o trabalho de Ilo Krugli e de Sônia Piccinin para a formação de atores partia desse campo simbólico e imaginário. Por um semestre, em 1982, Sônia trabalhou com o grupo de alunos atores a ocupação de uma sala, na qual fazíamos improvisações teatrais e pintávamos as paredes, em sequências temáticas (Água, Fogo, Terra e Ar). Sem referências filosóficas diretas, ou bibliográficas: apenas vivíamos o momento, no fluxo da experiência criativa.

Na década de 1980 me encontrava atenta e ávida por modos de ampliar aquela mesma experiência, junto a crianças – uma vez que dava aulas de "arte integrada" na Casa do Ventoforte, sob supervisão de Ilo Krugli, no entanto sem discussão teórica, por assim dizer. Encontrei, por conta própria, uma edição de um material absolutamente coerente com a pedagogia e a empiria do Ventoforte: o livro *Terra Água Ar Fogo: Para Uma Oficina-Escola Inicial*, elaborado pelos peruanos Julia Saló e Santiago Barbuy. Guardei essa referência como quem guarda uma relíquia. Levei o livro para encadernar, de modo a preservá-lo. O projeto da obra é oferecer às crianças uma formação em "concretudes materiais" (minhas palavras, hoje) – algo em curso em Lima, Peru, na década de 1970. No livro está escrito:

> O *material* é o *mestre* e o *método*
> Não há material didático mais simples que a matéria mesma.
> Não há fábrica mais perfeita que a própria natureza.
> Não há escola mais completa que a própria vida.
> A ensinança, com este material, não é feita de pessoa a pessoa.
> Não é feita de mestre a discípulo.
> [...]
> primeiro: determinar com clareza

os limites materiais
e os instrumentos.
segundo: manipulá-los e contemplá-los
até sua percepção sensória.
terceiro: motivar a imaginação.
quarto: executar até o ponto final e
não tocar mais.
[...]
o meio mais apropriado
para a imaginação criadora, não tem
móveis nem objetos
com funções fixas;
tudo deve servir
para o papel que lhe assinale
a criança[2].

Santiago Barbuy (1926-2010) tornou-se um importante artista do campo do design industrial no Peru. Encontrei uma bonita homenagem a ele na Revista de Diseño Industrial[3], e associo seu percurso ao meu, pois graduou-se mais tarde, a partir de interesses que surgiram dessas experiências educativas com crianças – no seu caso, especialmente com intervenções em espaços periféricos.

Em 2016 adquiri, já projetando um pós-doutoramento que conversasse com os elementos da natureza, um segundo livro seu, editado no Brasil em 1980: *O Espaço do Encontro Humano*, no qual contrapõe natureza e cidade, espaço vazio e cheio, espaço e espacialidade. Percebo relação direta com os temas dos exercícios de agachamento poético – destaco um detalhe, da percepção do balde vazio em "Balde", e o contraste entre espaços culturais e urbanos (elevador, cemitério, hospital das bonecas) e imaginações a partir do contato com a água do banho, a chama de uma vela, o barro que vira lama...

2 S. Barbuy; J. Saló, *Terra Água Ar Fogo: Para Uma Oficina-Escola Inicial*, p. 27. (Grifo do original.)
3 F. Pérez, Homenaje a Santiago Barbuy, *Revista de Diseño Industrial*.

Convite à Interação Com Crianças [Comandos Sem Mandos]

Conforme criava os exercícios, se percebesse que, por vezes, surgia um padrão de escrita, forçava desvios para outros caminhos... Dispus os textos em ordem alfabética para misturar as temáticas e os padrões, e iniciei o trabalho para reunir grupos de microdramaturgias, buscando semelhanças e diferenças.

Faço aqui o inventário das treze propostas que sugerem interação concreta com uma ou mais crianças:

Em "Água": "relate esta experiência para uma criança: de preferência durante o banho de seu filho ou filha" [sobre ser barquinho de papel].

Em "Ar": "use criativamente suas mãos diante das crianças" [...]. Pergunte às crianças o que elas veem, se podem dizer em palavras".

Em "Chuva": "sirva água potável a uma criança. Encha seus pés e o copo d'água da criança de alegria".

Em "Cristal": "brinque com uma criança de 'varinha de cristal' ".

Em "Elevador": "diga a uma criança: Quer construir comigo um elevador? Pesquise, junto com ela, como fazer a caixa subir e descer. E criem os andares imaginativamente, invisivelmente".

Em "Fiozinho": "conte para uma criança com a qual você convive "As aventuras do Fiozinho" na hora de fazê-la dormir" [...] "dê o seu fiozinho para a criança, se for seguro fazê-lo".

Em "Fogo": "converse com as crianças com tranquilidade sobre incêndios, fogueiras e velas de bolo de aniversário" [...] "Diga a elas que vão aqui-agora olhar o fogo de perto" [...] Convide-as ao silêncio por pelo menos cinco minutos".

Em "Manhã, Tarde e Noite": "conte para as crianças o que você andou fazendo, e o que imaginou".

Em "Nuvem": "doe seu pensamento de nuvem a uma criança sem ideia".

Em "Pedra": "brinque de doar a pedra invisível [...] para uma criança da Terra".

Em "Picolé": "sirva picolé para as crianças com quem convive" [...] "Pergunte a elas se querem ouvir um poema".

Em "Tapete": "quando tiver visita de crianças, conte a elas como visitar a Primavera durante o ano todo".

Em "Terra": "continue dando tapinhas e tornando seu corpo lama. Depois, brinque disso com uma criança".

Observem que nenhuma proposta se faz por "mandos"; são enunciadas sempre depois que o adulto já experienciou algo em seu campo imaginativo. Não coloco o adulto na posição de professor, nem nenhum tipo de autoridade... embora tenha que cuidar da lida com o fogo, por exemplo, e da segurança de dar um fiozinho para uma criança (o tipo do fio, a idade da criança etc.). Também não coloco o adulto na posição de pai e mãe – exceto em "Água", quando a comunicação da experiência de ser barquinho de papel seria feita dando banho no filho ou filha. Ao comentar o tom dos textos, e a posição da relação adulto-criança, demarco para o leitor uma maneira adulta de estar-com as crianças. O adulto imagina e compartilha.

Por meio dos exercícios, os adultos brincam. Os adultos exercitam abrir e fechar os olhos. Posso dizer que tento levar a corporalidade do adulto para a corporalidade da criança que ele foi, porém sem nunca infantilizá-lo. Também infiro a corporalidade das crianças a seu redor – levando o adulto a observar os modos de ser da criança, como será no jogo com as mãos (o que será que as crianças vão enxergar?), bem como na observação tranquila da chama da vela (foi interessante ou muito difícil estar em silêncio por cinco minutos?).

Os textos convidam a uma possível atitude adulta frente às crianças: ser parceiro, ser cúmplice... Sem nunca, entretanto, deixar de ser o adulto que cuida, observa, sorri (um sorriso de banho de balde!). Em meus estudos nomeio essa atitude de "agachamento" – "ir ao chão, onde a criança está". É também um modo freiriano: o adulto conduz e é conduzido, mesmo com a necessidade de assimetria (nos momentos de cuidado com o fogo, por exemplo); o adulto convive e absorve a convivência advinda da resposta das crianças... que está por ser escrita, não é?

Não são lições nem aulas. Tentei levar o adulto para a temporalidade das férias, espaço da beirada da praia, tempo dilatado e sem pressa... Quietude.

Convite Para o Adulto Leitor à Experiência Poética no Corpo Encarnado

Para compreender a noção de corpo encarnado a que estou me referindo, começo listando as nove proposições, em seus respectivos textos:

Em "A": ser urso de pelúcia.
Em "Água": ser barquinho de papel.
Em "Fases da Lua": ser a lua nova.
Em "Formiga": ser a menor formiga do mundo.
Em "Óculos": ter visão de gatinho.
Em "Picolé": ser o pai da Menina-Parangolé.
Em "Terra": tornar seu corpo lama.
Em "Vulcão": ser lava.

Surgem nas artes da cena, ao longo de sua história, diferentes perspectivas: são desenhadas, saem do foco, voltam, reinscrevem-se... Um dos modos do fazer teatral que questionou a representação dramática tradicional – seja por seus códigos textuais bem como noções de palco-plateia, figurinos, adereços, um ator dirigido construindo sua personagem etc. – projeta, em contraponto, um elogio à não representação. Não representar foi inúmeras vezes traduzido por "encarnar no corpo". Outro modo de ser ator, atriz, dançarino, dançarina: ser *performer* – performer de si, com o outro, no mundo; *performar estados* de presença, em contraponto a representar uma personagem bem delineada, com suas roupas, vozes, luzes, sombras e textos memorizados.

Em meu artigo "A criança é *performer*", discuto como a corporalidade da pequena infância está bastante próxima daquele teatro não representacional: conexão com estados, contextos e situações, com os adultos cuidadores, a natureza e as coisas do mundo circundante, a partir de modos próprios de a criança organizar seu pensamento plástico e polimorfo. Nesse sentido, os nove convites para o adulto leitor tornar seu corpo encarnação dos exercícios de agachamento poético tornam-se conversa (afetiva, vivencial) com o adulto sobre formas de brincar: ser e estar mergulhado na ficção inventada... sabendo que é um combinado: *agora eu era*...

No entanto, sempre permitindo-se mergulhar e sobrevoar, avançar dentro da capacidade humana de criar – e sobre ela –, inventar e imaginar. Entrar no combinado e sair dele.

Minha pesquisa teórica, intelectual e adulta sobre o brincar chegou, por meio do afeto, a relações diretas entre o brincar e a cena contemporânea. Percebi que alguns atores e atrizes, ao desconstruir a arte técnica do ator e sua tradição de trabalho de corpo e voz, buscam outro paradigma, no qual aderem, sem procedimentos-padrão, a uma corporalidade que a criança pequena já apresenta, sem mediações: ela não representa, ela *é*.

Brincar de Viagem do Tempo

Em "A": o texto remete ao ano de 1830, quando adultos inventaram o Hospital das Bonecas.

Em "Cartão-Postal": no tempo do papel impresso...

Em "Ônibus, Golfinho": o texto remete ao primeiro ônibus, ao tempo "das carroças e das diligências", e depois, ao ponto final – convite a pensar que tudo que nasce morre, que um dia chegaremos a nosso ponto final.

Em "Labirinto": segurar a moeda cunhada com a imagem do labirinto daria ao leitor poderes para transformar algo no passado, no presente ou no futuro.

O uso da máquina do tempo pode ser um recurso gasto, hoje talvez fácil demais, um lugar comum – uma máquina obsoleta, pois seu uso em obras de ficção, cinema especialmente, foi abundante. Mas seu fascínio é atemporal. Quis lidar com essa sensação que temos, e a esperança, de como seria bom ir e voltar no tempo... bem como apontar para a potência da palavra que cria novos mundos. Ao nos permitirmos imaginá-los e habitá-los, seremos, sim, capazes de viajar no tempo. Sem contar com as teorias mais contemporâneas acerca da não linearidade do tempo, nas quais realidades paralelas convivem.

De todo modo, procuro levar o adulto para outra temporalidade; embora eu mesma utilize verbete da *Wikipedia* e tenha "googlado" para saber a história da bicicleta, do hospital de bonecas, dos vulcões, gostaria de baixar a guarda dos adultos e deixá-los mais lentos – lentidão proposital para criticar nosso imediatismo, nossa banalização da experiência com o mundo rápido e virtual.

Busco por um campo imaginativo "fora da tela", longe do computador – *e convido você a habitá-lo*.

Sobre Invisibilidade

Em "Cristal": brinque com uma criança de "varinha de cristal".

Em "Elevador": criem os andares imaginativamente: invisivelmente.

Em "Folha": guarde a folha imaginária dentro de um livro; visite a folha seca de vez em quando.

Em "Labirinto": de olhos bem fechados, segurando uma moeda de labirinto em uma das mãos.

Em "Lenço": imagine onde deixará um lenço branco no espaço de sua casa.

Em "Pedra": brinque de doar sua pedra invisível [...] para uma criança da Terra.

Em "Tapete": planeje o lugar de sua casa onde você vai estender seu tapete.

Em "Vulcão": guarde a pedra que trouxe em um lugar íntimo, confortável; procure pela pedra sempre que a raiva e a ira entrarem em erupção.

Gosto muito de tematizar a invisibilidade imaginativa, por remeter à não necessidade de brinquedos prontos e temáticos para "entreter" crianças, como alguns fabricantes de brinquedos e representantes da indústria cultural voltada para crianças e jovens querem nos fazer crer.

Escrevi as propostas em um misto de faz de conta, meditação e cumplicidade – chaves de nosso pacto ficcional – querendo levar o leitor/praticante a um estado de infância: não no sentido do senso comum, por exemplo da pureza ou ingenuidade, nem religioso, do "anjo caído do céu por descuido", mas antes, a um estado de novidade, um gosto por brincar: no caso adulto, brincar com as palavras, brincar com sua própria habilidade para a invenção.

Gesto e palavra são os melhores brinquedos, e podem fazer com que coisas fiquem invisíveis, ao mesmo tempo que afetos se tornam concretos e imagéticos.

Uma Certa Inversão de Papéis e Posições

Em "Árvore": sua fruta transformou-se em festa.

Em "Ferida no Joelho": bonecas são crianças, crianças são bonecas, e o adulto leitor é a criança que é boneca.

Em "Manhã, Tarde e Noite": um adulto brincando de derreter gelo, de beber água derretida... um adulto "jogando tempo fora".

Cheguei até mesmo a arriscar considerar a inversão de papéis e posições como parte daquilo que estudos antropológicos estão chamando por perspectivismo ameríndio, com base na pesquisa de Viveiros de Castro e Tânia Stolze Lima – outro modo de ver o mundo, uma cosmovisão de povos ancestrais, estudo de uma matriz filosófica amazônica na qual, grosso modo, animais, objetos, a natureza possuem uma espécie de condição humana indistinta, ou ainda, possuem "pontos de vista":

> esse momento inicial de uma condição humana estendida não foi totalmente esquecida, sendo a caça e a prática xamânica momentos exemplares onde essa humanidade compartilhada volta a ser percebida, posto que nessas práticas seria possível uma retomada daquele estado humano ancestral, e, portanto, a recuperação da alma dos animais, dos objetos, dos espíritos e dos demais seres[4].

Depois pensei que poderia estar tornando algo simples por demais complexo... Voltei então para a chave do jogo, da brincadeira e do

4 C. Betoni, Perspectivismo, *Infoescola*.

onirismo: uma característica forte dos sonhos é a mistura de figuras e de personagens de nosso cotidiano que invadem nosso sono e nosso imaginário. Inversões são também próprias do jogo de palavras poético, da criação de metáforas, de pesquisa intencional por *nonsense*... Fazer graça, dizer algo a alguém de maneira inusitada e diversa: gerar outras posições.

Sobre Animais

Seis dos exercícios de agachamento poético evocam animais – sete, se levarmos em conta o urso de pelúcia na abertura... São eles:

Em "Abafo": pintinho sai do ovo.

Em "Ar": borboletas.

Em "Espelho": gato, cachorro, peixe, coelho, iguana.

Em "Fases da Lua": coelho, cachorro, jaguar, raposa.

Em "Formiga": a menor formiga do mundo.

Em "Ônibus, Golfinho": golfinho.

Faz pensar como as crianças possuem ligação, identificando-se, sem mediações, com os animais – não apenas seus animais de estimação, mas os animais em geral. É também próprio da cultura adulta chamar atenção das crianças aos bichos; criar produtos culturais com personagens animais; fazer documentários e outros programas voltados ao público infantil com base na "vida animal", e assim por diante.

Como professora de teatro, quantas e quantas vezes explorei propostas sugerindo a corporalidade dos animais no corpo encarnado das crianças... que, salvo raras exceções, gostavam demais desse tipo de jogo. Psicoterapeutas também trabalham diferentes temas da infância a partir de brinquedos e figuras de animais: paternidade e maternidade, agressividade, irmandade, sexualidade, e por aí vai. Figuras de madeira, plástico, barro, que remetem aos animais, são passíveis de interpretações simbólicas das mais significativas, nas brincadeiras de faz de conta, no teatro de bonecos e de sombras, na produção de desenhos e pinturas. Os animais ditos selvagens são excelentes fontes de simbolização, comunicação, expressividade de ódio, raiva, destruição, e tantos outros sentimentos que nos possuem e que os adultos tendem a querer esconder debaixo do tapete ou do sofá... É recorrente que a dita literatura infanto-juvenil faça a personagem criança procurar pelo bicho papão debaixo da própria cama, não é mesmo?

Relembro ao leitor como a literatura adulta também explorou diferentes faces dos elos e dos temores entre humanos e animais... Clarice Lispector e muitos fragmentos mencionando bichos, Franz Kafka e a barata, o cinema de Cronenberg e *A Mosca*, tantas e tantas obras produzidas nas quais humanos convivem com dinossauros terríveis e outras criaturas, e por aí vai... E confesso: hoje tenho um certo fascínio pela noção filosófica, bastante explorada por Lyotard[5], do inumano. Grosso modo, haveria em todos nós um grau de inumanidade, revelada, dentre outras maneiras, por nossa insatisfação com o corpo, o tempo e o espaço. Somado a isso, Lyotard infere que haveria dois inumanos: "o sistema inumano do desenvolvimento capitalista tecnológico e a ameaça de extinguir no humano tudo que não lhe tem valor [tecnociência], e ainda, dentro desse mesmo humano há uma estranheza misteriosa do outro inumano, que é um lugar potencial de resistência [sublime]"[6]. O desejo humano aproxima-se, nesta abordagem, a uma força inumana e indeterminada; o filósofo afirma que haveria em nós "um estado de espírito sem espírito"[7]. Schmidtt também afirma que as "inutilidades artísticas" fazem parte de uma "infância inumana e sempre avante de nossa própria humanidade"[8]; "o inumano não se resolve, mas oferece perspectivas. Essas perspectivas estão nas artes, na literatura, na filosofia, estão até nas ciências"[9].

Meu fascínio e (não) compreensão do inumano na filosofia contemporânea é tal que pretendo voltar-me para a compreensão

5 J.-F. Lyotard, *O Inumano: Considerações Sobre o Tempo*.
6 Malpas apud M.R.B. Schmitt, *O Inumano em Lyotard: Rotas de Fuga dos Pressupostos Antropomórficos e Antropocêntricos*, p. 21.
7 M.R.B. Schmitt, *O Inumano em Lyotard: Rotas de Fuga dos Pressupostos Antropomórficos e Antropocêntricos*, p. 20.
8 Ibidem, p. 242.
9 Ibidem, p. 246.

dessa noção, tão logo termine de escrever este livro. Tenho forte intuição de que esse tema e essa abordagem da criança humana (habitada por um "monstro inumano") me deslocará para lugares menos confortáveis, menos sabidos, o que significa inventar novos modos de pesquisa criativa. É bom, e importante, nos surpreender com deslocamentos de nós mesmos, para deixar nossa vontade de pesquisar ativa e pulsante. Meu interesse pela discussão relaciona-se a como Lyotard percebe a arte, e como a filosofia pode questionar a tecnociência.

Memórias de Infância (Sobre Temporalidade)

Em "Balde": Abra os olhos e compreenda que aquele bebê é você mesmo.

Em "Ferida no Joelho": Lembre se na infância você caía a ponto de ter um machucado constante no joelho.

Em "Pedra": Pense um pouco sobre sua relação com pedras – especialmente na infância. Você tinha uma pedra em seus guardados? Viu pedras preciosas em um museu ou no anel de alguém? Algum conhecido foi machucado por uma pedrada?

Trabalhar memórias de infância, na chave filosófica, é trabalhar ancestralidade – água do útero – mar, piscina, balde… Escorregão, queda, joelho machucado. Machucado nos convívios e nas memórias de descuido também. Em meu ponto de vista isso tudo conversa com a metodologia do encenador Ilo Krugli, quando propunha que o ator voltado para a personagem criança não se "infantilizasse" – assim ele nos propunha um "teatro para todas as idades", no qual a infância é um momento na existência de todos os espectadores, seja qual for sua idade. Uma estética na qual a aproximação artística aos temas da infância não é simplificada, amenizada, dourada pela canção alegrinha…

Poder falar poeticamente sobre sofrimentos e angústias é um eixo importante da pesquisa aqui apresentada.

Protagonismo

Em "Andar, Parar": andar é uma conquista incrível.
Em "Biblioteca": seja uma personagem principal.
Em "Bicicleta": Eu vou de bike.

De maneira explícita vemos o protagonismo em três dos exercícios; no entanto, "protagonizar" é pano de fundo das propostas como um todo. É sobre abrir e fechar os olhos! É sobre descortinar... perceber-se no mundo das coisas e da natureza; é procurar pelo outro cuidador, pela boneca que sabe trocar curativos.

O protagonismo é a palavra chave para entrar na lógica da criança *performer*... os adultos podem fazer foco na criança mesma, e saber esperar. Esperar por sua iniciativa, por seu gesto espontâneo, por seu chamado (campainha!). Proporcionar experiências de protagonismo: ensinar a amarrar o cadarço do sapato, fazer um bolo junto e depois comer o bolo, pensar sobre quando será possível para a criança andar sozinha na rua... planejar, e proporcionar situações cotidianas que permitam isso. O protagonismo na infância é o contrário da submissão e da subordinação incondicionais.

O protagonismo do adulto leitor está em ser: ler, ter imaginação, quiçá escrever.

Ritos de Passagem

Os ritos de passagem fazem parte de uma concepção psicológica e filosófica das idades e das fases da vida humana ligada especialmente aos estudos de Carl Jung. Sem aderir exatamente a essa escola, pois considero, afinada com a fenomenologia, que as fases são construtos teóricos de estudiosos adultos, e as idades convivem "em nós" – permanecem, como estados corporais e afetivos –, gosto da expressão e seu uso em termos de teatralidade: ritos de passagem de um lugar a outro; de uma luz a uma sombra; de um corpo vestido para um corpo desnudado... Rito da vida para a morte.

Inventário dos ritos nos exercícios de agachamento poético:

Em "Cemitério": o lugar será um jardim para os vivos celebrarem a vida e relembrarem seus mortos.

Em "Festa na Lua Cheia": um banquete vai celebrar a grande colheita; na mesma festa haverá o casamento da Lua com o Sol, e seus filhos, as Estrelas, estão correndo ao redor da mesa.

Em "Ônibus, Golfinho": permita que o lugar do ponto final da linha seja um lugar perto do mar – tranquilo, confortável. Tem cheiro de mar, barulho de mar, brisa do mar… Lá longe, você vê um golfinho.

No processo criativo de escrita, escolhi a imagem do golfinho e só depois fui buscar por sua simbologia – e sim, o golfinho simboliza "transfigurações", segundo o *Dicionário de Símbolos*: "Esse animal sagrado desempenha, sem dúvida, um papel nos ritos funerários, em que figura como psicopompo"[10]. Psicopompo! Criaturas ou entes que conduzem os humanos para o outro mundo…

Sobre cemitérios serem jardins, tenho um artigo publicado[11] no qual conto uma memória da puberdade. Uma amiga de escola morava perto de um cemitério particular muito bonito e tranquilo, e nós passeávamos por lá (São Paulo, década de 1970). Eu não "sabia" que era um cemitério! E também não sabia que meu bisavô teria administrado o cemitério, e que minha avó, minha mãe e meu ex-marido seriam, um dia, enterrados lá..

Aqueles que permanecem vivos fazem festas, casamentos, filhos, colheitas: continuam o fluxo em homenagem a seus ancestrais. Quero que o leitor compreenda a beleza de ter encontrado essas significações posteriormente, como se os ritos estivessem à nossa espera no espaço potencial: entre os vivos e os mortos, entre a criação e os dicionários, entre mim e você. Os ritos estavam lá para serem encontrados.

10 J. Chevalier; A. Gheerbrant, *Dicionário de Símbolos*, p. 474.

11 M.M. Machado, Um Cemitério Vivo: Memória de Infância em Espiral Para Reativar a Experiência Estética, *Revista Digital Art&*, ano XIII, n. 18, disponível em: <http://www.revista.art.br/>.

Menção a Assuntos Tabu

Em "Cemitério": os adultos não saberiam conversar sobre a morte com crianças.

Em "Ferida no Joelho": a infância arde em nós.

Em "Formiga": se você já é ou não é quando o óvulo se encontra com o espermatozoide (fazendo eco no debate sobre a vida do feto e o direito ao aborto: quando um ser humano se constitui?).

Em "Relógio": existe o tempo de não ter existido nunca?

Hoje vejo muitos grupos de teatro planejando encenar temas tabus – incluindo aqueles que criam em conexão com o "teatro infanto-juvenil". Querer conscientemente apresentar o tema tabu na arte para as crianças, vou chamar de via curta. A via longa será de observação de uma sociedade e seus tabus... que residem na pauta de costumes, no vestuário, na cultura que se consome (cinema, televisão, quadrinhos, *streamings* etc.), no vocabulário, nos espaços públicos... E, a partir dessa observação cuidadosa, fazemos nossos roteiros de improviso; podemos gerar poemas, dramaturgias, contos e muito mais. Na via longa, nossa obra pode estar pautada em uma antiestrutura (noção sociológica já comentada).

No processo de criação dos exercícios de agachamento poético, não planejei os temas. No entanto, nascimento, vida e morte são meus temas geradores desde o mestrado, lembra?

Singularidades

A seguir vou comentar os textos que penso merecer destaque, por alguma característica única ou por levarem a remetimentos muito próprios, que não resultam em agrupamentos.

Fiozinho (e Sua Recorrência em Meus Trabalhos)

Em meu primeiro pós-doutorado, observei inúmeras situações envolvendo crianças em tempos de espera na cidade de São Paulo. Uma cena do cotidiano muito marcante envolveu uma mãe e sua filha, entre quatro ou cinco anos de idade, saindo de uma escola pública de educação infantil. Ao lado da escola há um ponto final de ônibus. Observei mãe e filha por cerca de dez minutos, e escrevi o texto a seguir:

> Em uma certa tarde de março de 2009, observo uma menina e sua mãe, no ponto final do ônibus. Ela é uma criança tão viva, tão bonita, que vou apelidá-la de Bela da Tarde. Bela da Tarde usa o penteado de maria-chiquinhas que estão tão tortas que dá a impressão que seu cabelo está cortado de fato de forma assimétrica. Ou, como agora é chique de dizer, "um corte desconstruído". Veste uma saia de moletom lilás, camiseta lilás (tipo um conjunto, com alguns enfeitinhos) e seu umbigo, um pouco saltado, está de fora. Usa tênis e meia soquete. Sua mãe está esparramada no banco do ponto coberto; a menina brinca.
>
> Inventário das ações da brincadeira:
>
> Bela da Tarde trouxe da escola um fiozinho – um brinquedo-sucata. Coloca o fio para dormir, por assim dizer, no banco do ponto de ônibus, junto da cansada mãe. Deixa depois o fio em pé, da mão até o chão, como uma cordinha guia de cachorro. Aproxima em seguida o fio do sol, em uma mureta; aproxima o fio da sombra da mureta. Enrola o fio na pilastra do ponto de ônibus. Neste momento faz uma dramática "risada forçada", um ra ra ra ra ra gutural. Coloca em seguida o fio no rosto, passando pela bochecha; coloca o fio na testa; coloca o fio na cabeça, tal qual uma tiara. Usa o fio como uma fita de ginástica olímpica, e tenta fazer movimentos no ar; usa o fiozinho no corpo, como se fosse um sabonete.
>
> Para um pouco, conversa com a mãe sobre um colega que passou pelo ponto e comprou balas. A mãe lhe pergunta algo sobre aquela criança e ela diz: "Ele é dos pequenos".
>
> Usa em seguida seu fio como uma espécie de fita métrica, "medindo" (comparando tamanhos) o fio com um pedaço do ônibus estacionado – nesse momento sente a quentura do motor e sai correndo. Enrola o fio todo na palma de sua

mão (palma fechada); desenrola o fio novamente. Enrola o fio na mão, com os dedos fechados, palma da mão aberta.

Contei depois: foram catorze ações com o fiozinho.

Depois disso tudo, ela decide fazer dele um colar tipo gargantilha, e pede para a mãe: "Amarra aqui?"

A *mãe, com uma objetividade nunca vista, diz em resposta: "Não".*[12]

A descrição encontra-se publicada no livro *Merleau-Ponty & a Educação*, em um momento no qual estou discutindo a noção fenomenológica de corporalidade. Seria também um bom exemplo de outridade, relação criança-outro, bem como de espacialidade, relação criança-espaço, e ainda mundaneidade, relação criança-mundo. Escolhi trabalhar com a corporalidade por perceber, no mesmo lugar – um ponto de ônibus coberto e com um banco no qual a mãe se deita – com seu fiozinho e com os elementos do espaço dos mais significativos, como o corpo expressa suas invenções, sem nenhum trejeito ou exagero. Era bonito e preciso.

Ainda no pós-doutorado, realizado no ano de 2009, transformei a cena observada em cena a ser performada, escrita que faz parte, como um roteiro de improviso, da dramaturgia *A Sutil Diferença*:

Sexto Roteiro de Improviso: Cordões

Cinco crianças abrem suas mochilas (ou bolsa, embornal, saquinho, carteira, ou mesmo o bolso) e tiram dali um fio. O fio poderá ser: um cadarço (de um pé só); um pedaço de lã; um pedaço de barbante; um fio de roupa desfiada. Será importante reunir qualidades distintas de fios, tais como duro/mole, colorido/branco, pequeno/grande, novo/velho.

Alternadamente, todos os jogadores-*performers*-crianças trabalharão a partir do mesmo gestual – no entanto, cada um a seu ritmo –, utilizando-se de "silêncio de corpo" (congelamento da ação) em momentos distintos, perseguindo uma espécie de movimentação que remeta à estrutura musical dos cânones.

12 M.M. Machado, *Merleau-Ponty & a Educação*, p. 43-44.

São as ações:

- fazer do fio uma espécie de boneca, colocando-o "para dormir";
- fazer do fio uma cordinha/guia de cachorro;
- fazer o fio tomar sol;
- fazer o fio ir para a sombra;
- enrolar o fio;
- desenrolar o fio;
- passar o fio no rosto, tal qual um sabonete;
- colocar o fio na cabeça, tal qual uma fita de cabelo ou tiara;
- usar o fio como fita de ginástica olímpica, fazendo giros no ar;
- usar o fio como fita métrica, medindo coisas imaginárias pelo espaço;
- enrolar o fio e guardá-lo no centro da palma da mão fechada;
- abrir a palma da mão e desenrolar o fio, como anéis de fiozinho ou início de brinquedo de cama de gato;
- desenroscar o fio da mão e colocá-lo no pescoço, como gargantilha.

Depois de três sequências o *performer* pede ao adulto para que amarre a sua gargantilha:
Criança: Amarra aqui?
Adulto: Não.

Cada *performer*, quando ouve o "não", guarda seu fio de volta, de onde tirou... Até que apenas um deles continua a brincar, mesmo assim; outro se imobiliza; um terceiro vai comer salgadinho; o quarto fica tentando amarrar a gargantilha por conta própria, e o quinto vai dormir no chão, fazendo de sua mochila um travesseiro.[13]

13 M.M. Machado, *Fim do Infante: Três Processos Dramatúrgicos*, p. 83-84.

Gostaria de apontar para o leitor minha busca por um misto entre cena da realidade vivida e cena ficcionalizada, sem perder o eixo de certo rigor fenomenológico da descrição de Bela da Tarde: mantive a riqueza, gestual e relacional, entre menina e fiozinho. O roteiro de improviso faz parte de uma dramaturgia com diversos outros roteiros, escritos em 2009 e publicados apenas em 2018, no livro *Fim do Infante: Três Processos Dramatúrgicos*. Agora retomo a realidade observada onze anos antes, e produzo o texto, o agachamento poético, ou ainda, a microdramaturgia intitulada "Fiozinho". Mas foi depois de escrita, para fazer sua comunicação em uma aula *online* no segundo semestre de 2020, e para pensar este capítulo em busca de uma pequena hermenêutica, que liguei os três textos, evidenciando elos e entrelaçamentos.

Há algo ainda a ser dito, que reside na obra de Winnicott. Trata-se do relato de um garoto que atendeu no ano de 1955, parte do livro *O Brincar e a Realidade*. Winnicott desenvolveu um modo de conversa com base em algo traduzido no livro por "jogo de rabiscar", no qual o psicanalista inicia traços no papel e a criança completa, enquanto vão conversando. O menino de sete anos fez dez desenhos nos quais, segundo Winnicott,

> apareceu o seguinte:
> um laço
> um chicote
> uma chibata
> um fio de iô iô
> outra chibata
> outro chicote[14]

O relato segue:

> Após a entrevista, conversei novamente com os pais e perguntei-lhes sobre a preocupação do menino com a linha. Eles ficaram contentes por eu levantar o assunto, mas disseram

14 D.W. Winnicott, *O Brincar e a Realidade*, p. 37-38.

> que não haviam mencionado antes por não estarem certos de sua relevância. Contaram que o filho havia obcecado por tudo o que tivesse relação com barbantes e, na verdade, muitas vezes, quando entravam em algum cômodo, descobriam que ele havia amarrado as cadeiras nas mesas ou encontravam uma almofada conectada por um fio à lareira, por exemplo. Disseram que a preocupação do menino com barbantes estava apresentando uma nova característica que os deixava preocupados, em vez de apenas despertar curiosidade. Recentemente, ele tinha amarrado um fio ao redor do pescoço da irmã (aquela cujo nascimento provocou a primeira separação entre mãe e filho).[15]

O que se segue é simples e bonito. Winnicott diz para a mãe que "o menino estava lidando com o medo da separação, tentando negá-la por meio de barbantes, como alguém que usa o telefone para negar a separação de um amigo". Segue narrando que a mãe se mostrou cética. Ele ainda escreve que, "se ela encontrasse algum sentido naquilo [...] deveria falar com o filho sobre o assunto assim que fosse conveniente, contando para ele o que eu havia dito, para [...] desenvolver o tema da separação de acordo com as respostas dele"[16]. Assim, o cordão, o fiozinho, simbolizam união e separação. São imagens análogas, simples e potentes, de nosso cordão umbilical, bem como encarnam nossa capacidade para o vínculo. Os fiozinhos são comunicadores, entre mim e você.

No caso do texto Fiozinho, do Teatro de Um Só, gosto de pensar, a partir dessas reflexões todas, que muitos anos depois escrevi o exercício para a mãe cansada, deitada no banco do ponto final do ônibus. Um tipo de reparação de sua capacidade para imaginar e para brincar junto com sua filha, poder enxergar o invisível daquele jogo, e ao final amarrar a gargantilha para Bela da Tarde.

15 Ibidem.
16 Ibidem, p. 39.

Por fim agradeço a minha mãe...! E remeto o leitor ao texto do "Espelho"[17], também evocação da teoria de Winnicott sobre nossa gênese para ser um "eu". Para o psicanalista, na amamentação (ou na maternagem com a mamadeira) o bebê cuja mãe (ou figura materna) o alimenta e está presente, atenta e amorosa, se vê no rosto dela. É parte da primeira frase de um capítulo sobre o papel do espelho, no livro *O Brincar e a Realidade*: "o precursor do espelho é o rosto da mãe"[18]. Se no texto do Fiozinho visitei a teoria depois de escrevê-lo, confesso que em "Espelho" pensei intencionalmente nesse texto e na noção winnicottiana do rosto da mãe como espelho do bebê. E depois, veja lá, proponho que se enxergue um animal de estimação: outro tipo de identificação, brincante, já capaz de mútuos distanciamento e identificação... sem contar com a menção ao animal que nos habita.

Picolé [Menina-Parangolé]

Cabe uma visita especial a este exercício ou microdramaturgia, pois o poema "Menina-Parangolé" foi escrito por mim há no mínimo vinte anos (não sei a data precisa, infelizmente). Recortei o texto escrito à mão de um caderno ou folha de papel reciclável (aquelas folhas mais densas, sabe?). Tal qual o Fiozinho, o poema andou por dentro de livros meus por anos. Gostava dele. Pensava que poderia publicar, usar, recriar... chegou a hora.

Dei um *google* na palavra "parangolé" e percebi que o grupo de pagode que se batizou com a palavra domina a pesquisa. Pergunto a alunos mais jovens e vejo que não sabem o que é um parangolé (se não for um grupo de pagode...?).

Sofisticando a ferramenta de busca – e sugiro que o leitor faça o mesmo – vamos até a Enciclopédia Itaú Cultural[19]:

17 Ver supra, p. 117.
18 D.W. Winnicott, op. cit., p. 177.
19 Parangolé, em *Enciclopédia Itaú Cultural de Arte e Cultura Brasileiras*, disponível em: <http://enciclopedia.itaucultural.org.br/>.

> Fruto das experiências de Hélio Oiticica (1937-1980) com a comunidade da Escola de Samba Estação Primeira da Mangueira, no Rio de Janeiro, o *Parangolé* é criado no fim da década de 1960.
>
> Considerado por Hélio Oiticica a "totalidade-obra", é o ponto culminante de toda a experiência que realiza com a cor e o espaço. Apresenta a fusão de cores, estruturas, danças, palavras, fotografias e músicas. Estandartes, bandeiras, tendas e capas de vestir prendem-se nessas obras, elaboradas por camadas de panos coloridos, que se põem em ação na dança, fundamental para a verdadeira realização da obra: só pelo movimento é que suas estruturas se revelam. [...]
>
> [...] o *Parangolé* expressa inconformismo – alguns levam frases como "ESTOU POSSUÍDO" ou "INCORPORO A REVOLTA" – e é um "estandarte da antilamúria", revelando a cumplicidade do artista com os que vivem à margem da sociedade.

Espero que, longe da arrogância, tenha aproximado o leitor da riqueza cultural e imagética da palavra Parangolé. Menina-Parangolé seria então uma imagem de outra infância, e de outra feminilidade também. Seu pai dança o Prana! Não sou eu. É a menina que eu queria ser.

Últimas observações: se retomar as noções da perspectiva artístico-existencial, discutidas no capítulo 1, perceba como o Parangolé é a melhor roupa para ir "ao samba que eu te convidei". Há também uma anotação de diário de Oiticica (documentos no acervo digital do Itaú Cultural): AUTOTEATRO. Parece ser o modo como o artista define os desdobramentos de sua obra. Até me assustei, pois nada sabia quando criei o título Teatro de Um Só.

Andar, Parar

Desejo destacar este exercício pelo fato de ele ser aparentemente corriqueiro: andar, parar. Mas há uma riqueza grande nas possíveis significações de nossas ações corriqueiras – inicialmente como o próprio exercício apontou, na direção de praticar uma nova habilidade, quando o bebê se torna, então, uma criança que anda. Um marco, uma façanha: sair de onde estou, ir para onde vou. Juntar o querer "estar ali" com "conseguir ir", sem necessitar pedir colo, chorar ou até gritar (modo anterior de relação, certo?).

Andar é, também, classicamente, uma ação valiosa no trabalho do artista da cena: andar pelo espaço é quase universal, como modo daquilo que se acostumou chamar por "aquecimento" – aquecimento corporal, modo de ocupação, extensão e, quando paramos, de retraimento e pausa. Congelamento. Fazer o exercício de agachamento poético atentando para os ritmos possíveis, ditos na forma brincante de câmera rápida, normal e lenta, traz este convite: atravessar os espaços, de maneiras diversas, trazendo para a ação a consciência de si e do espaço "de fora": espaço corpo próprio se desloca pelo espaço mundo compartilhado.

Para quem desejar avançar na reflexão sobre caminhar: um modo zen budista seria acessar o livro, já citado, do monge vietnamita Thich Nhat Hanh (livro de bolso em sua vigésima primeira edição!) intitulado *Meditação Andando: Guia Para a Paz Anterior*. Encontramos lá:

> Toda pessoa pode fazê-lo
>
> Meditação andando é meditar enquanto se anda. Andamos devagar, de forma descontraída, mantendo um leve sorriso nos lábios. Com esta prática, nos sentimos profundamente à vontade, e nossos passos serão da pessoa mais segura do mundo. Todas as nossas preocupações e ansiedades desaparecerão; paz e alegria vão encher o nosso coração. Toda pessoa pode fazê-lo. Leva apenas um pouco de tempo, requer um certo grau de consciência e o desejo de ser feliz.
>
> [...]
>
> Andar pacificamente
>
> Se olhar com atenção, poderá observar todas as preocupações e ansiedades das pessoas impressas no chão enquanto andam. Nossos passos em geral são pesados, cheios de apreensão e medo. Sentimo-nos inseguros, e nossos passos o revelam.

> Este mundo tem muitos caminhos. Alguns são ladeados de belas árvores, alguns contornam campos aromáticos, alguns se cobrem de folhas e flores caídas. Mas se andarmos neles com o coração pesado, nada disso apreciaremos.
>
> Quando tínhamos um ou dois anos de idade, começamos a dar passos vacilantes. Agora precisamos aprender a andar de novo – devagar, com alegria e naturalidade. Após alguns dias de prática saberá como fazê-lo. Quando o vir andar em profundo conforto e paz, sorrirei feliz.[20]

Já um modo ocidental de avançar na reflexão sobre o caminhar é por meio da proposta do italiano Francesco Careri. Ele criou, e pratica já há décadas, um modo de ensinar caminhando. Dois livros seus estão editados em português, ambos pela editora Gustavo Gili: *Walkscapes: O Caminhar Como Prática Estética* e *Caminhar e Parar*. Careri pratica, em um grupo de pesquisa aberto, itinerante, o caminhar como "presença física do homem em um espaço não mapeado", e que, ao ser atravessado, "é uma forma de transformação da paisagem que, embora não deixe sinais tangíveis, modifica culturalmente o significado do espaço e, consequentemente, o espaço em si, transformando-o em lugar"[21]. Gosto muito dessa abordagem, pois ela une nossa corporalidade ao espaço vivido, e aponta para a mundaneidade, ou seja, para nossa relação eu-mundo. Caminhar é tudo isso, e mais um pouco. Enriquecer a noção do ato de andar conversa diretamente com a espacialidade política proposta pela geógrafa Doreen Massey, lembra?

E depois, atravessamentos do humano corporificando o animal: no texto proposto, caminhar como formiga; como elefante; como pantera negra. O leitor atento deve lembrar que em outros momentos também remeti ao modo de ser animal, e fiz uma observação sobre isso em seção anterior.

20 T.N. Hanh, *Meditação Andando: Guia Para a Paz Interior*, p. 9; p. 15.
21 F. Careri, *Walkscapes: O Caminhar Como Prática Estética*, texto de contracapa.

Por fim não deixaremos de visitar o não caminhar... a impossibilidade de ir e vir... algo forte no tempo da pandemia do novo coronavírus, durante o ano de 2020 enquanto escrevia este livro, mas que pessoas doentes, presas, refugiadas, e em outras difíceis condições, já experimentavam em seus corpos. E se esse corpo for de uma criança, hospitalizada, ou institucionalizada, em abrigos ou casas de passagem, imagine a dificuldade e o custo, em suas vidas, da imobilidade.

Ovo (Sobre Ser Gestado / Sobre Nascer / Sobre Ser Comido... Morto, Tornado Alimento)

Em "Abafo": Imagine quebrar um ovo que frita diante de seus olhos; Imagine um ovo – com calma e paciência. Espere o ovo quebrar e sair dele um pintinho.

Não deixe de visitar o dilema do ovo e da galinha... e as questões humanas sobre alimentar-se, bem como o mito da galinha dos ovos de ouro... ao conversar sobre ovos.

A simbologia do ovo combina muito com a infância: ninho, chocadeira, nascimento, aposta, novidade. No mesmo exercício de agachamento poético sugeri o ovo frito e o ovo como espaço do embrião pintinho. Não planejei nem pensei de antemão. Vivi um calor intenso e fora de hora durante o inverno de 2020 em Belo Horizonte. Outras cidades brasileiras viveram o mesmo problema – e sim, alguém foi capaz de fritar um ovo no asfalto, para demonstrar como as temperaturas e a falta de chuva estavam gritantes. Vi na TV.

Clarice Lispector escreveu um conto dos mais enigmáticos que intitulou "O Ovo e a Galinha". Nas palavras da autora: "este meu texto é misterioso até para mim mesma e tem uma simbologia secreta". Editado em uma compilação póstuma, *Clarice Lispector: Outros Escritos*, lá encontramos:

> O ovo é a alma da galinha. A galinha desajeitada. O ovo certo. A galinha assustada. O ovo certo. Pois é ovo no espaço. Ovo

> sobre azul. – Eu te amo, ovo. Eu te amo como uma coisa nem sequer sabe que ama outra coisa. – Não toco nele. A aura de meus dedos é que vê o ovo. Não toco nele. – Mas dedicar-me à visão do ovo seria morrer para a vida mundana, e eu preciso da gema e da clara. – O ovo me vê. O ovo me idealiza? Não, o ovo apenas me vê. É isento da compreensão que fere.[22]

Como outros textos de Clarice, o conto tematizando o ovo revela um exercício intenso de fenomenologia descritiva, poética, criativa. O fato de o ovo não idealizar quem o vê, apenas vê, é bonito e filosófico. Brinca com seu leitor sem piadas… brinca porque nos leva ao terceiro espaço, lugar das relações. (*Piadas*, assim digitado, nos lembra os pintinhos recém-nascidos! Não era?).

Em outro livro curioso, escrito especialmente para jovens interessados em Filosofia e para adultos e professores do ensino médio, chamado *ABeCedário de Criação Filosófica*, definido pelos organizadores Ingrid Muller Xavier e Walter Kohan como "exercício de escrita-pensamento" e "um convite, uma mão dada", Kohan faz uma série de considerações poéticas, filosóficas e bem humoradas sobre o ovo; e, ao final, nas referências bibliográficas, escreve:

> Para buscar referências confiáveis sobre o ovo é preciso consultar galinhas, galos, frangos e demais ovíparos, além das frigideiras, azeites e doceiras portuguesas. Mas eles não me autorizaram a fornecer dados mais precisos.[23]

▪ ▪

Construindo essas tramas de significação. percebo que são imagens / dizeres simples[24] e potentes – díade na qual quero muito

22 C. Lispector, O Ovo e a Galinha, em T. Montero; L. Manzo (orgs.), *Clarice Lispector: Outros Escritos*, p. 126.

23 W.O. Kohan, em W.O. Kohan; I.M. Xavier (orgs.), *ABeCedário de Criação Filosófica*, p. 186.

24 Exceto a menção aos parangolés de Oiticica e o enigma do ovo.

que o trabalho posterior com os textos do Teatro de Um Só resida: semeando em cada leitor o rememorar de sua infância, e, agora adulto, o imaginar como ser mais solícito diante dos modos de ser e estar no mundo das crianças pequenas. Lembra disso, de meu gosto pela palavra solicitude, explicitado nas primeiras páginas do livro?

As Próximas Quarentenas

A pandemia do novo coronavírus certamente será um divisor de águas para muitos campos do conhecimento, para muitas maneiras de ser e estar no mundo, para muitas atitudes humanas, antes naturalizadas, ou seja, não pensadas nem questionadas por nós. Particularmente em meu campo profissional, dois fenômenos me mobilizaram para a escrita deste livro, reformulando o projeto inicial: a sobrecarga cotidiana das mães de crianças pequenas, acontecimento mundial, e a hipótese de militarização da educação, no caso particular do Brasil. Essas duas realidades me tocam profundamente, e penso que minha inserção na Universidade Federal de Minas Gerais pode ganhar um tom (social e político) mais bem definido, de 2021 em diante.

Na quarentena de 2020, senti urgência em me manifestar, propor algo na direção da infância plural, em nome de que todas as crianças, um dia, possam estar cuidadas, alimentadas e livres para criar e expressar. Corporalidades acolhidas e contornadas pelo respeito ao *cerne do self* – noção winnicottiana para a intimidade e para algo intocável, que adultos adoecidos insistem em invadir com demandas disciplinares e restritivas, quando não abusivas.

As crianças confinadas pelo advento do novo coronavírus certamente ficarão marcadas em suas biografias de maneira intensa: suspensão do abraço, do contato físico com avós, ruptura do fluxo de continuidade da vida social escolar e em grupos de convívio; em muitos casos, aumento da pressão familiar em lares conflituosos; vítimas de abuso físico, sexual ou moral, na convivência com adultos comandantes.

Winnicott, médico pediatra e psicanalista inglês que viveu duas guerras mundiais, sempre alertou a comunidade adulta para a gravidade das experiências de ruptura na infância. O psicanalista mostrou como podemos acolher, conversar, dizer a verdade, proporcionar continuidades possíveis, o que inclui garantir espaços e tempos de brincar – maneiras preventivas de sofrimento psíquico e adoecimento.

■ ■

Remate

Minha mãe contava que quando pequena, à noite, eu queria levar para o espaço de meu berço simplesmente "tudo" – todo meu pequeno mundo – de modo que sobraria muito pouco para que eu deitasse esticada ou relaxada e dormisse bem... Penso de duas maneiras sobre isso: talvez fosse difícil dormir, desligar, desaparecer do pequeno mundo até a manhã seguinte; e também, vejo uma pessoa que gosta de locupletar. Vou ao dicionário para procurar sinônimos disso: tornar cheio; cumular; encher-se; abarrotar-se.

Espero, sinceramente, que este capítulo não tenha se mostrado como algo cheio demais: fornecendo todas as pistas, esgotando as significações das microdramaturgias, jogando, ou talvez até atirando, em você, leitor, meu arsenal de brinquedos.

Gostaria que o livro convidasse a brincar junto.

Ao som do faz de conta.

E do silêncio significativo.

Conclusões em Duas Vias Imaginativas

uma hermenêutica, outra criativa (como e por que concluir com uma canção antiprovérbios)

Ouça um bom conselho / Que eu lhe dou de graça / Inútil dormir que / a dor não passa / Espere sentado / Ou você se cansa / Está provado, quem espera nunca alcança

Venha meu amigo / Deixe esse regaço / Brinque com meu fogo / Venha se queimar / Faça como eu digo / Faça como eu faço / Aja duas vezes antes de pensar

Corro atrás do tempo / Vim de não sei onde / Devagar é que não se vai longe / Eu semeio o vento na minha cidade / Vou pra rua e bebo a tempestade / Vou pra rua e bebo a tempestade / Vou pra rua e bebo a tempestade

"BOM CONSELHO", de Chico Buarque, para a trilha sonora de *Quando o Carnaval Chegar* (1972).

Escolho escrever uma conclusão não tradicional: sem retomar nem sintetizar tudo que o livro propôs, introduzirei novos autores, abrindo outras janelas para o leitor. Digamos que a tradição da conclusão tem seus provérbios… seriam suas certezas estabelecidas, seus modos de fazer pré-moldados. Assim, escolho novamente a via menos percorrida; um caminho em homenagem à capacidade criativa humana, e às possibilidades de invenção e de antiestruturas. Para tal, duas conclusões (mas há tantas outras possíveis!):

Conclusão Imaginativa Hermenêutica: Minha Identidade Narrativa

No ano de 2007, debruçada no texto final de minha tese de doutorado, encontrei um livro de bolso, parte de uma coleção de nove entrevistas feitas pelo jornalista da rádio e televisão belga Edmond Blattchen, editadas pela Editora da Unesp e pela Editora da Universidade Estadual do Pará. Uma delas foi feita com Paul Ricoeur, em 1993; Blattchen manteve um importante programa de entrevistas por anos. Pelo que compreendo, Blattchen iniciava a conversa com um roteiro comum, algo como grandes temas disparadores da conversa. Seriam eles: O título; A imagem; A frase; O símbolo; A aposta.

Retomo a aposta formulada por Paul Ricoeur em sua entrevista:

> minha esperança está na linguagem, a esperança de que haverá sempre poetas, de que haverá sempre pessoas para refletir sobre eles e para querer politicamente que essa palavra, essa filosofia da poesia, produza uma política.
> Aí, diria que minha aposta tem a cara da esperança[1].

Será preciso humildade diante do filósofo, pela grandeza de seu trabalho intelectual e de vida. Alguns interlocutores de sua obra possibilitam melhor compreensão de seu intrincado pensamento – cito: George Taylor, que transcreveu as "Lectures on Imagination", conferências feitas por Paul Ricoeur mas nunca publicadas – Taylor publicou um artigo comentando-as; Maria Gabriela Azevedo e Castro, que realizou minuciosa investigação sobre as noções de imaginação ao longo das obras de Ricoeur no livro *Imaginação em Paul*

1 P. Ricoeur, *O Único e o Singular*, p. 66.

Ricoeur; e Jean Grondin, que escreveu o livro *Paul Ricoeur*, excelente modo de aproximação à sua fenomenologia e hermenêutica.

Minhas indicações são também temáticas, uma vez que estive por cerca de um ano mergulhada na prática e no estudo da imaginação. Sinto-me, hoje, mais próxima da aposta enunciada por Paul Ricoeur em 1993. Também percebi, a partir daquelas leituras, como é interessante conceituar e adjetivar a imaginação – enxergando-a ampla e plural.

Uma das teses centrais do filósofo sobre a imaginação é de que a ficção não reproduz uma realidade dada: a ficção produz uma nova realidade. Daí o uso, por Ricoeur, da expressão *imaginação produtiva*. Essa imaginação não nos apresenta réplica de um original, como formularam muitos filósofos, e pode ser sinônimo para Utopia ("nenhum lugar", em sua etimologia).

A imaginação produtiva expande nosso senso de realidade e faz parte da lógica intrínseca à descoberta, segundo Azevedo e Castro. A pesquisadora inventariou seis modalidades imaginativas – em suas palavras, "os diferentes possíveis que a imaginação oferece", mapeados em seus estudos da vida e obra de Ricoeur: volitiva; social; transcendental; ilusória (ou a imaginação "face à suspeita psicanalítica"); hermenêutica e criadora.

A imaginação volitiva – relativa à vontade – relaciona-se a "um substrato edificante da linguagem"[2] : "a vontade encontra na imaginação a sua gênese e o solo fértil". Segundo Azevedo e Castro esta seria, para Ricoeur, "uma imaginação fenomenológica", ligada à descrição do ato da vontade. Já a imaginação social revela duas visadas: a ideologia e a utopia; o artigo de George Taylor demonstra que a ideologia seria imaginação reprodutiva, enquanto a utopia, imaginação produtiva.

No livro de Azevedo e Castro há um interessante dizer sobre a utopia: "projeto capaz de dar sentido a um presente que, pela sua inércia social, deixou de ter sentido. Pela sua capacidade ficcional de redescrever a vida numa projeção criativa de possíveis, a Utopia

2 M.G. Azevedo e Castro, *Imaginação em Paul Ricoeur*, p. 293.

obriga-nos a re-criar a realidade social"[3]. Nesse sentido, a formação aqui proposta, na direção de adultos mais imaginativos, poderá ser lida como utopia.

A seguir, a pesquisadora portuguesa nos mostra a imaginação como "faculdade transcendental do sujeito", comentando uma afirmação recorrente de Paul Ricoeur: "o homem é um ser misto"; isso se dá "porque opera mediações, entre duas dimensões tensionais que nele coexistem, a finitude e a infinitude, a percepção e o sentido, o *bios* e o *logos*, na e pela imaginação"[4]. Para comentar a imaginação "face à suspeita psicanalítica", Azevedo e Castro põe em jogo um contraste entre o entendimento freudiano e o ricoeuriano; "a imaginação na psicanálise", diz ela, "é a expressão do encontro regressivo do ego com o id, e por isso o termo que a define é ilusão". Enquanto, em Ricoeur, a propositiva é de "cruzamento entre a imaginação da suspeita com a imaginação mítico-poética", o que gera justamente a noção denominada de identidade narrativa: "na identidade narrativa é necessário retirar as máscaras arcaicas, de modo a recuperar um passado num presente capaz de se projetar num futuro"[5].

Espero ter conseguido entretecer meu texto com essas temporalidades. Converso novamente com o professor Raul Guimarães Lopes, que afirmou haver uma forma autêntica da temporalidade, na qual vamos "aproveitar nas circunstâncias atuais as possibilidades de vir a ser o que se é"[6].

Depois, Azevedo e Castro nos apresenta à imaginação hermenêutica, cujo cerne é outro cruzamento – "da imaginação criadora com uma arqueologia do sujeito", onde a universalidade do símbolo "faz aparecer um sentido que o sujeito capta em virtude da sua imaginação, mais ou menos direta e imediata"[7]. A imaginação criadora é dada como uma espécie de desfecho daquele estudo:

3 Ibidem, p. 294.
4 Ibidem, p. 296.
5 Ibidem, p. 297.
6 R. Guimarães Lopes, *Clínica Psicopedagógica: Perspectiva da Antropologia Fenomenológica Existencial*, p. 84.
7 M.G. Azevedo e Castro, *Imaginação em Paul Ricoeur*, p. 300.

"essa faculdade liberta quer do empírico, quer da razão e capaz de fazer aparecer o possível, ou os possíveis, que nenhum conceito pode exprimir. [...] A imaginação é a dimensão subjacente e fundante do poder autocriador do homem"[8].

Peço desculpas pela simplificação de um argumento discutido com densidade em um livro inteiro, bem como pela aparência de texto como *pot-pourri*, mas considerei importante fazê-lo para que o leitor ficasse curioso para saber mais, percebendo, comigo, aquela multiplicidade de imaginações, e como cada um de seus contornos figura uma realidade mista.

Em Paul Ricoeur, a imaginação acaba por tornar-se "fundamento de si mesma", e Azevedo e Castro nos diz que não há uma obra Ricoeuriana específica sobre a imaginação porque ela é sua *almofada da renda de bilro* – imagem poética para dizer que não haveria necessidade de discernir a imaginação, ou as imaginações, uma vez que elas são constitutivas de todo o pensamento do filósofo, do começo ao fim. Sem a almofada dos bilros a mulher rendeira não teria como fazer renda...

Ricoeur, ao longo dos anos, pensa, divaga, passeia, percorre entrecruzamentos daquelas modalidades imaginativas. Escreveu o filósofo:

> A noção de identidade narrativa, introduzida em *Tempo e Narrativa III*, respondia a outra problemática: no fim de uma longa viagem pela narrativa histórica e pela narrativa de ficção, eu me perguntei se existe alguma estrutura da experiência capaz de integrar as duas classes de narrativas. Aventei então a hipótese de que a identidade narrativa, seja ela de uma pessoa, seja de uma comunidade, seria o lugar buscado desse quiasmo entre história e ficção. Segundo a pré-compreensão intuitiva que temos deste estado de coisas, acaso não consideramos mais legíveis as vidas humanas quando interpretadas em função das histórias que as pessoas contam sobre elas? E essas histórias de vida, por sua vez, não se tornam mais inteligíveis quando

8 Ibidem, p. 301.

> lhes são aplicados modelos narrativos – enredos – extraídos da história propriamente dita ou da ficção (drama ou romance)? Portanto, parecia plausível considerar a seguinte cadeia de asserções: a compreensão de si é uma interpretação; a interpretação de si, por sua vez, encontra na narrativa, entre outros signos e símbolos, mediação privilegiada; esta última se aberbera na história tanto quanto na ficção, fazendo da história de uma vida uma história fictícia, ou, digamos, uma ficção histórica, entrecruzando o estilo historiográfico das biografias ao estilo romanesco das autobiografias imaginárias.[9]

A contribuição de Ricoeur é única, procura unir campos que a tradição ocidental sempre separou: o da história e o da ficção. E o faz visitando aquela mesma tradição filosófica. Para Ricoeur, é também na e pela imaginação que unimos o mundo do texto ao mundo da ação.

Assim, para finalizar o trabalho apresentado neste livro, concomitantemente reflexivo e criativo, percebo que, desde a escrita da introdução, estive em busca de minha identidade narrativa – algo que, no campo das artes, associo à expressão poética própria.

Adentro o campo filosófico e hermenêutico, na possibilidade do momento; procuro afinação com Ricoeur em meu campo de conhecimento – as artes e o ensino de arte, especialmente o teatro – em nome da elaboração de uma fenomenologia da criança, e por meio da criação. Faço um convite para os leitores imaginarem os modos de pensar e sentir das crianças, em um momento pré-lógico, onírico e polimorfo da existência humana. Surge em mim, ao longo do tempo, a pretensão de escrita de exercícios de agachamentos poéticos para fortalecer imaginações, bem como reflexões que antecedem e sucedem o Teatro para um homem Só. Agora penso instaurar, como projeto de futuro, a discussão de uma *imaginação artístico-existencial* e possíveis desdobramentos éticos, estéticos, políticos. Ela existirá por meio do espaço potencial, estabelecido entre adultos e crianças, entre crianças, entre as crianças

9 P. Ricoeur, *O Si-Mesmo Como Outro*, p.112-113.

e os mundos de vida (e morte): imaginação nomeada, inventada, significada e praticada por adultos para crianças, por adultos com crianças, por crianças com seus pares no mundo compartilhado. Concretude da imaginação artístico-existencial: os atos performativos, vividos junto; em relação; no convívio. Exercícios de solicitude.

Conclusão Imaginativa Criativa: Encontro Com Gianni Rodari

Gianni Rodari: jornalista e escritor italiano nascido em 1920, falecido em 1980; aos dezessete anos começou a dar aulas para crianças em escolas rurais. Viveu tempos duros durante as guerras e foi um jornalista ativo no movimento comunista italiano. Começou a escrever livros para crianças em 1951, somando-se mais de cinquenta, vários publicados no Brasil. Tenho especial carinho pelo *O Livro dos Porquês*, compilação de perguntas feitas por crianças a ele, em um jornal italiano. Em 1970 Rodari ganhou o importante Prêmio Andersen, o equivalente ao Nobel da literatura infantil.

Rodari também escreveu um livro para adultos, especialmente para educadores e artistas: *Gramática da Fantasia*, publicado no Brasil pela Summus em 1982, hoje em sua décima primeira edição. Recomendo demais sua leitura – compilação de procedimentos criativos, bem como um capítulo precioso chamado "Imaginação, Criatividade e Escola".

Afinada com a aposta de Paul Ricoeur, adentro o universo imaginativo e poético de Rodari, em busca de um caminho ético e político – e encontro.

Rodari não gostava de provérbios, e muitas crianças interagiram com ele, perguntando sobre isso. São dois ótimos exemplos:

> *Por que você implica com os provérbios?*
>
> Eu estava começando a minha resposta e eis que um velho provérbio vem bater paternalmente no meu ombro direito: – *Quem bem começa* – ele diz – *já está na metade!*

Eu já estava dando razão para ele, mas logo um outro Velho Provérbio bateu no meu ombro esquerdo: – Nada disso! Nada disso! O *melhor está no fim!*

– Estão errados todos os dois! – berrou um Provérbio Velhíssimo, com ar indignado. – A *virtude está no meio!*

Provavelmente tinham razão todos os três, mas eram tão briguentos e prepotentes que tive que botá-los na rua, sem cerimônias.

Por que se diz "bobo como um pato"?

Os patos são caluniados sem culpa: existem animais muito menos inteligentes do que eles e que andam tranquilos por aí, sem o peso dessa infâmia. Que devemos fazer, revalorizar os patos?

Talvez seja melhor reformar os provérbios e a maneira de falar. Eu vou começar, e se alguém quiser continuar, fique à vontade.

NOVOS PROVÉRBIOS

Devagar, quase parando
não se chega em São Fernando.
Cão que late
quer festa.
Quem anda com cantor
aprende a cantar.
Ri melhor
quem tem todos os dentes.
O pior surdo é aquele
que finge ouvir.
Pensa dez palavras
antes de dizer duas.[10]

Penso que terminar este livro com Rodari e sua ação política junto às crianças, aqui neste pequeno exemplo questionando os provérbios

10 G. Rodari, O *Livro dos Porquês*, p. 75.

como algo antigo, relacionado a verdades congeladas no tempo, e também relembrar a canção de Chico Buarque, pode nos levar novamente a quarenta anos atrás – à fértil década de 1970… Brinco com vocês relembrando Zé Rodrix: "é de quarenta em quarenta que todas as ideias se repetem". Ou seria melhor dizer "de volta para o futuro"?

Demarco um território: o Brasil nos anos de ditadura militar tinha músicos e editoras e muito mais, pessoas criativas trabalhando antiestruturas com o questionamento, nas artes, jornalismo, poesia e literatura, da dura realidade imposta por censores e muitas outras proibições.

Sugiro pensar a repetibilidade como *mimesis*, "valor da renovação pelo recomeço"[11] e como possibilidade de retorno à história das ideias, das canções, dos vestuários, e, também, da literatura voltada para as crianças: "o recomeço, a possibilidade, a repetição renovadora"[12]. Há um caldo denso e forte de culturas compartilhadas para pensarmos que houve um tempo sem *memes*, *zaps* ou *gifs*… Um tempo certamente mais lento – sugiro que de pés descalços – onde se inventou o lema "Paz e Amor", e no qual surgiram propostas diferentes e interessantes para a educação de crianças. No Brasil, mesmo com o *slogan* governamental adverso "Brasil, ame-o ou deixe-o", muita coisa interessante aconteceu noutra direção.

Volto à introdução para situar a expressão "escola alternativa". Havia também vestuário alternativo, alimentação alternativa… Antiestruturas que, como ensinou Victor Turner, tornaram-se, elas mesmas, estruturas culturais vigentes, com o passar dos anos.

O que seria "alternativo" ao nosso tempo pandêmico, eletrônico, holográfico?

Poderia ser a recusa à facilidade do "aplicativo", e a escolha da via longa relacional, o estar-com. Agachar-se e ir ao chão, onde a criança está – lema de meu *site-blog* mantido por quase dez anos, até que foi atacado por um vírus. Sim, literalmente, não é piada nem metáfora. Por isso tive que reformar o site e mudar de domínio. Sinal dos tempos, certo?

11 R. Guimarães Lopes, *Clínica Psicopedagógica: Perspectiva da Antropologia Fenomenológica Existencial, p.* 191.

12 Ibidem, p. 76.

Melancolias à parte, penso que a rapidez de informação, a popularização do audiovisual, as conversas *on-line* por todo o planeta, religando as pessoas, e a guarda eletrônica de memória, por assim dizer, são certamente ganhos inimagináveis.

Mas precisamos compreender as perdas, e minimizá-las. Crianças obesas e acostumadas, para não dizer viciadas, em jogos/*games*, filmes/*streamings*, seguidores de *youtubers* de suas idades, aos quais aderem de modo ingênuo e incondicional, são males que se naturalizaram, por assim dizer. Foram tornados "naturais" porque parte da comunidade adulta também se encontra ingênua, com seus afetos incondicionais a suas "preferências"... Um estado um tanto letárgico, e, paradoxalmente, ansiógeno e cheio de pressa. Além da existência e do cultivo de uma chamada "cultura do ódio".

Um tempo dilatado para habitar um espaço escolhido é minha proposta para fechar este texto.

Também em um caminho nada ortodoxo retomo com o leitor minha pergunta de pesquisa: encontrada ao longo das semanas e meses, não criada *a priori* ou de antemão... Lembram dela?

– "Quais as reais necessidades acerca da imaginação nas relações adulto-criança?"

Radicalizando ao extremo a metodologia processual, vou pedir ao leitor que conclua por mim. Ou antes, que o leitor continue a pesquisa aqui iniciada, a seu modo. Doo a você meu ano pandêmico, sabendo que estive no que costumamos chamar de "bolha"... Rompa a bolha, tome o livro para você, agache-se poeticamente, e faça algo pelas crianças de agora. Apelo do bilhete deixado por Flávio Migliaccio. Penso que todos nós brasileiros que permanecemos vivos temos alguma responsabilidade, maior ou menor, diante das crianças de agora.

Adultos mais capazes de imaginar poderão acolher melhor as questões prementes da infância pós-pandemia. Solicitude diante do que as crianças nos pedirem. Nossa experiência em inventar mundos possíveis, praticada até aqui, será valiosa. Não acha?

Sabe por onde começar? Sugiro que contem a uma criança ou a um grupo delas esta história criada por Rodari:

Um e Sete

Conheci um menino que era sete meninos.

Ele morava em Roma, se chamava Paolo e seu pai era condutor de um bonde.

Mas ele também morava em Paris, se chamava Jean e seu pai trabalhava em uma fábrica de automóveis.

Mas ele também morava em Berlim, e lá se chamava Kurt e seu pai era professor de violoncelo.

Mas ele também morava em Moscou, se chamava Yuri, como Gagarin, e seu pai era pedreiro e estudava matemática.

Mas ele também morava em Nova York, se chamava Jimmy e seu pai tinha um posto de gasolina.

Quantos eu já disse? Cinco. Faltam dois: um se chamava Chu, morava em Xangai e seu pai era pescador; o último se chamava Pablo, morava em Buenos Aires e seu pai era pintor de paredes.

Paolo, Jean, Kurt, Yuri, Jimmy, Chu e Pablo eram sete, mas eram sempre o mesmo menino, que tinha oito anos, já sabia ler e escrever e andava de bicicleta sem pôr a mão no guidão.

Paolo era moreno, Jean era loiro e Kurt tinha cabelo castanho, mas eles eram o mesmo menino. Pablo via filmes falados em espanhol e Jimmy em inglês, mas eles eram o mesmo menino, e riam na mesma língua.

Agora os sete cresceram e não vão poder fazer a guerra, porque todos são um só homem.[13]

13 G. Rodari, *Fábulas Por Telefone*.

Glossário

45 termos interligados que ampliam a compreensão da perspectiva artístico-existencial

Abordagem Espiral

Comecei a usar esta expressão inicialmente de maneira descompromissada e brincante, para comentar outros modos de ensino de arte, outros motes para compreender a expressividade da criança, além e aquém do que ficou demarcado, no Brasil, pela expressão "abordagem triangular"[1].

Organizei ideias, sensações e percepções e, em um paralelismo com a noção de criança *performer*, passei a nomear abordagem espiral como um (anti)método, um *modo de fazer* adulto no ensino de arte que busca o hibridismo e estabelece um contraponto ao paradigma das linguagens artísticas: trata-se de misturar, propositalmente, o que pode ser teatro, dança, artes visuais e música, nos primeiros anos de vida, na pretensão de des-escolarizar estes processos.

A abordagem espiral é relacional, é pensamento e ação de atos performativos entre adultos e crianças durante a infância, e demanda, por assim dizer, um cuidado observacional imenso e intenso do adulto que convive com crianças pequenas. Pouco, bem pouco do ato performativo será definido de antemão, se considerarmos as tradicionais formas de "planejar". Assim, a experiência estética poderá ser vivida de modo contextualizado nos mundos de vida da criança, em espiral, como num escorregador ou tobogã que sobe.

1 A.M. Barbosa; F.P. Cunha (Orgs.), *Abordagem Triangular no Ensino das Artes e Culturas Visuais*.

Adulto [professor / pesquisador] performer

Par relacional da criança *performer*.

Não é sinônimo para o artista/*performer* profissional; utilizo o termo *performer* tal como os cientistas sociais e antropólogos fazem – performar é agir deste ou daquele modo, é "ser o que se é", é compreender a multiplicidade de papéis sociais que nos cabem. Nesse sentido, todos os adultos que lidam com crianças podem ser considerados adultos *performers*.

Minha proposta valoriza o (auto)conhecimento e diversificação de atitudes, em nome do agachamento como principal conduta frente às crianças pequenas: então, sim, haveria um adulto *performer* a ser desenhado ou esboçado, provocado na corporalidade do professor pesquisador – aquele que se agacha.

Ponto central: a experiência do adulto não é individual, seca, independente ou descolada da experiência das crianças; nossa experiência nunca se desvincula da experiência da criança com quem convivemos. O adulto é parceiro criativo da criança, um propositor de contextos e situações.

Agachamento

Nome do *site-blog* que criei e mantive por cerca de dez anos (2011-2020). Hoje há possibilidade de uso da palavra como "conceito": agachar-se é ir ao chão, onde a criança está. Trata-se de uma atitude de aproximação, acolhimento, solicitude. Estar-com, sem nunca deixar de cuidar e de posicionar-se como adulto cuidador e responsável.

Ambiente Facilitador

Para o psicanalista Winnicott, os adultos são responsáveis por apresentar às crianças o mundo em pequenas doses, isso correspondendo ao que chamou de ambiente facilitador: aquele que circunda as crianças sem direcionamentos rígidos nem negligências. O ambiente facilitador é proporcionado por uma atitude de estar presente e ausente, de forma concomitante. Winnicott elaborou sua contribuição à psicanálise e à psicanálise de crianças com base em ambientes concretos e na observação de situações clínicas cotidianas, em um caminho da dependência total dos bebês para a dependência relativa, rumo à independência, e foi pioneiro em dar importância aos ambientes em sua materialidade cultural: exterior, em comunicação com a interioridade.

Âmbitos Artístico-Existenciais [Lugares da Artisticidade]

Concebi a arte como um lugar; elegi quatro "âmbitos artístico-existenciais": musicalidade, teatralidade, corporalidade e espacialidade. Os termos ficam bem no plural e traduzem um ato político, contraponto à concepção das chamadas "linguagens artísticas" música, teatro, dança e artes visuais. É um dizer curricular a partir do qual não existem "analfabetos em arte", nem tampouco necessidade de "especialistas" cujos saberes tenham maior valor daquele da experiência inicial das crianças e das pessoas comuns, em sua vida, ordinária e cotidiana, frente ao mundo e suas possibilidades de experiência estética.

Antiestrutura

Empresto esta palavra do sociólogo e estudioso do rito, do ritual e da performance Victor Turner (1920-1983). O conceito advém de seus estudos, nos quais Turner observa a existência de alternativas potenciais, nomeadas por ele de "segundo sistema" ou "sistema protoestrutural"; seriam estruturas que, quando "requeridas pelas contingências do sistema normativo" (que representa equilíbrio) vão gerar "uma nova cultura".

Na perspectiva artístico-existencial, cultivaremos germes de antiestruturas – o que não equivale a ser des-estruturado ou contra estruturas, mas, antes, buscar um caminho que vê a criança e o jovem como o novo, bem como recebe bem os Outros encontrados na trilha daquele que ensina arte; o ato performativo é compartilhado e encontra-se na outridade, ou seja, nas relações eu-outro. No campo da arte será antiestrutural fazer proposital contraste com a representação, ou o corpo representacional, noção majoritária e estrutural no ensino do teatro, por exemplo – que na tradição requer texto, direção e técnica – dando foco ao trabalho com as presenças, as pessoalidades, em nossa presentificação convivial. A antiestrutura, nesse sentido, revelará troca dos saberes: não é apenas o adulto que sabe e ensina; o adulto observará com cuidado e paciência os saberes das crianças, para, assim, propor pequenas intervenções em diálogo com elas.

Artisticidade

Empresto o significado desta palavra tal como encontramos na obra do pesquisador e dramaturgo português Pedro Barbosa (1996), que a definiu por "forma peculiar, mas irrecusável, da indagação do real e de compreensão de nossa relação com a Vida". O autor aponta a possibilidade de cognição estética: "uma via cognitiva de captação profunda de nossa relação com a Vida" e afirma ser algo pautado naquilo que Bachelard chamaria de razão imaginante. Nesta chave, a cognição estética não é algo a ser racionalizado ou estudado em livros, mas elaborado e imaginado, performado, presentificado.

Artivismo

Palavra inventada, que une duas outras: arte e ativismo. Na língua inglesa, *a portmanteau word* (*portmanteau* é uma maleta que abre em duas metades). Aparentemente seu primeiro uso se deu no final da década de 1990, em um evento relacionado a artistas mexicanos e zapatistas em Los Angeles (*L.A. protesters*). Vinte anos depois foi apropriada mundo afora, implicando sempre engajamento social e problematização da realidade por meio de mídias artísticas das mais variadas.

Em meu trabalho atual, digo artivismo "para" crianças propositalmente (artivismo "com" crianças poderia beirar a doutrinação). Explicito que meu trabalho criativo e de docência na Universidade é politizado, e serei transparente e constante em afirmar nossas causas: a liberdade de expressão na infância, o direito ao brincar imaginativo, a possibilidade de o ensino de arte levar a um maior protagonismo das crianças, mesmo as mais novas.

Ato Performativo

Passei a chamar as aulas de arte de atos performativos, inicialmente fazendo uma aposta na possibilidade transformacional pelo uso das palavras; os atos performativos podem ser tanto momentos que o adulto prepara, como os usos de tempos e espaços, materiais e relações, próprios das crianças viventes. São também parte das relações entre adultos e crianças no tempo-espaço dedicado a habitar os âmbitos artístico-existenciais e a eles pertencer.

Se as experiências dos atos performativos – mesmo as mais íntimas e singulares – dão-se nas relações, brotando das situações coletivas e compartilhadas, são elas também "interiores" e "exteriores", de modo concomitante: intersubjetivas.

Brincar Imaginativo

Para Winnicott, o brincar imaginativo é a origem de todo campo cultural humano. Define-se por gesto e atitude que prescindiriam de brinquedos industrializados, algo diretamente relacionado ao faz de conta e que acontece entre pessoas, entre pessoa e coisa, entre pessoa e mundo compartilhado, no espaço potencial: lugar psíquico inicialmente entre bebês e adultos cuidadores. É um modo amorfo de experienciar o corpo, o outro e o mundo e que, por meio do gesto espontâneo, motor e sensorial, nos leva a uma completude criativa, a uma sensação de realidade viva encarnada no corpo. Não é um brincar diretivo, como seria o jogo de regras, e pode ser repertoriado por meio do convívio humano e no uso criativo dos objetos.

Brinquedo-Sucata

Emprestei a expressão brinquedo-sucata, na década de 1990, dos dizeres da artista visual e educadora Luise Weiss. Hoje existe expressão equivalente: o "material não estruturado" – restos, refugos, tampinhas, rolhas, embalagens, retalhos de tecido e de madeira, folhas e pedras, enfim, materiais que, usados pela criança como objetos para brincar, tornam-se brinquedos não estruturados nem fabricados pelo adulto.

Construto

Em seus *Cursos na Sorbonne*, Merleau-Ponty citou Koffka, um importante pesquisador da psicologia da Gestalt, que afirmou: "o *datum* é, na realidade, um *constructum*" – dizer que conversa com um dos dilemas das ciências humanas – também segundo Merleau-Ponty, na mesma obra: "nesse campo, a visão do que somos e o que somos na realidade não são absolutamente discerníveis".

Uso o termo de duas maneiras: como sinônimo de invenção e como palavra que designa conceituações às quais chegamos por meio de estudo, experiência ou crença.

Meus construtos mais caros são: a criança como *performer* e a perspectiva artístico-existencial.

Corpo-Figura

Um tipo de corporalidade com moldura bem delineada.

Defino corpo-figura como aquele que se mostra em situações cotidianas bem delimitadas (numa fila, no banho, na hora de comer, hora de dormir etc.), e em jogos de estátua onde se congela uma postura, atitude ou imagem – onde se é animal, coisa ou pessoa.

Corpo-Narrativa

É uma corporalidade móvel, mutante, que deseja dizer algo a alguém.

Defino corpo-narrativa como aquele que se desenha no espaço:

quase-coreográfico; transpassa, ocupa, percorre caminhos, tal qual em um jogo de obstáculos invisível.

Corpo-Rabisco

Um corpo quase só pura energia. Pode se revelar no salto, na corrida, na dança, numa crise de birra, num tipo de situação de colo ou muito sono... É corporalidade energética e pode ser vista nas crianças bem pequenas e nos bebês – mas pode ser imitada por pessoas de todas as idades. Essencial na vida dos amantes.

Corporalidade

Na perspectiva aqui adotada, não somos "indivíduos", mas corporalidades: pessoas em relação consigo, junto aos outros, no mundo compartilhado. A concepção de individualidade é um construto possível, mas nos remeteremos a outra lógica: somos seres-no-mundo em contínuo processo de descoberta, e nosso corpo pode ser conhecido de modo brincante, pessoal e biográfico. Nessa chave, todos os aspectos da tradicional psicomotricidade (equilíbrio, tônus, lateralidade, postura, atitude de atenção e esquema corporal) fazem parte do desenho da relação eu-corpo, e o papel do adulto junto às crianças será ampliar repertórios e referências, proporcionando a *corporificação* do eu, no habitar seu corpo próprio. Se é em movimento que a criança pequena pensa, vive, fala, cala, será em movimento que ela nos dirá sobre si: sobre ser criança, alegrias, angústias, pesquisa da forma-conteúdo de sua *poiesis*.

Quando o adulto suporta, a corporalidade infantil traça e conduz estórias, mescla dados biográficos factuais e intensa subjetividade, e nos diz algo sobre quem a criança é. Quando o adulto não permite o usufruto da corporalidade e de a criança ser o que ela é, pode haver imobilidade e inércia, ausência de tônus e tristeza, pode acontecer rebeldia e busca por antiestruturas, bem como a sedimentação do que Winnicott nomeou por falso *self*.

Criança Performer

Em meu primeiro pós-doutoramento em Pedagogia Teatral (2009), desenhei um caminho na direção da fenomenologia da criança, dando continuidade à pesquisa de doutoramento, aproximando-me de dois termos-chave: o protagonismo infantil e o olhar antropológico. Foram as crianças observadas na cidade de São Paulo que inspiraram a noção de criança *performer*; fui, ao longo da fase etnográfica da pesquisa, tecendo uma rede de significações para as ações observadas e inventariadas, onde "li" os fazeres das crianças como atos performativos. Ganhou peso e densidade, durante a pesquisa intitulada "Territórios do brincar" (dramaturgia publicada no livro *Fim do Infante*, 2018), a aproximação entre faz de conta e teatro, campo que eu já estudava, lugar que eu já habitava; aproximação agora revelada em íntimas relações entre os modos de ser e estar da criança e a cena contemporânea.

A criança *performer* é e habita seu corpo total; ela é móvel, plástica, modelável: polimorfa; seu repertório é rico em teatralidade e musicalidade, nos sentidos contemporâneos dos termos, isto é, ela improvisa, ela encarna emoções em seu corpo, ela é capaz de fazer-se partitura enquanto usufrui a paisagem sonora dos lugares em que está etc., e sua capacidade de uso do espaço nos remete às noções de instalação, *happening* e *performance*, tão caras às artes visuais.

Culturas da Infância

Expressão-chave dos estudos da sociologia da infância. Nesse campo do conhecimento, as crianças são consideradas atores sociais que possuem modos de vida próprios, portanto *culturas*, e elas mesmas contribuem para a construção da noção de criança de modo cotidiano e além e aquém das instituições (família, escola, igreja, sociedade). É importante notar que as crianças não se sentem crianças. Trocas e interações das crianças entre si e com os adultos podem tanto perpetuar quanto transformar o que se define por "criança". Poderíamos dizer que, sob a ótica sociológica, a partir dos anos 1990 as crianças serão consideradas tal qual "um povo" com traços específicos, e poderiam ser compreendidas e estudadas como tal.

Empirismo Radical

Uso esse modo de dizer em sintonia com Merleau-Ponty especialmente na introdução de seu livro *Fenomenologia da Percepção*. O empirismo radical é uma via de conhecimento e de percepção de mundo que recusa teorias prévias e vai ao encontro da vida mesma.

Espacialidade

Espacialidade implica a exploração da relação eu-espaço entretecendo os campos do espaço corpo-próprio e espaço entre corpos; revela o início de uma pesquisa das crianças na direção de seu "eu". Inicialmente não há contornos; nada sabemos de "um dentro" e "um fora" de nós: seria, talvez, o que Freud nomeou por sentimento oceânico. Ao começar a engatinhar e andar tudo muda, e o corpo espacializará seus desejos de mobilidade, de curiosidade motora e sensorial, bem como sede de descoberta do mundo, de forma autônoma.

A espacialidade reúne, destaca, amplia, aproxima diferentes situações "entre": entre mim e você, entre a criança e o adulto cuidador, entre um e todos; entre onde me colocam e onde eu gostaria de estar; a espacialidade implica noções concretas e existenciais, de preenchimento e de vazio, de pertença bem como de hostilidade.

Espacializar Imaginações

Adotei essa expressão em 2011, ao tomar contato com o livro *Pelo Espaço: Uma Nova Política da Espacialidade*, de Doreen Massey. Ela faz parte de um grupo de estudiosos que ampliaram a geografia, "geografizando": dando à noção de espaço o mesmo *status* e densidade que a noção de tempo possui para os historiadores, gerando uma geografia cultural, social e política na qual o espaço é povoado – perspectiva na qual o espaço é vivo e mutante, móvel, flexível, e espacializar imaginações torna-se um ato político importante, por ser um modo de enxergar mudança de posições e de horizontes. Massey soma a isso algo próximo do espaço potencial para Winnicott: afirma que espaços são processos, e nosso senso de espacialidade não se aprisiona em um "dentro" e um "fora".

Espaço Potencial

Empresto o termo do psicanalista D.W. Winnicott. O espaço potencial não é meramente um lugar geofísico, é sobretudo um lugar psíquico: acontece inicialmente entre o bebê e sua mãe (ou adulto cuidador). Nesse lugar (conceitual e teórico – nos termos de Winnicott: *área do consolo*, *playground*), acontecem as brincadeiras imaginativas e trocas carregadas de sentido – trocas que, na adultícia, poderão desdobrar-se como arte, poesia e literatura, filosofia, religiosidade. Na obra de Winnicott, é um conceito interdependente de outros, especialmente da "mãe suficientemente boa" e do "ambiente facilitador".

Experiência Pré-Reflexiva

Nos *Cursos na Sorbonne*, Merleau-Ponty usa a adjetivação "pré-reflexiva" para a experiência ao demarcar um modo de ser e estar das crianças pequenas – também afirma que mesmo os adultos, por vezes, encontram-se nessa chave pré-lógica, anterior ao pensamento formal. Assim, a experiência pré-reflexiva traduz um modo de percepção imediata próprio da criança pequena, mas que permanece no adulto.

Fenomenologia da Criança

A fenomenologia da criança constitui um processo filosófico, observacional e compreensivo dos modos de ser e estar das crianças no mundo. Parte de uma concretude: daquilo que a criança já nos mostra. Faremos descrições das relações adulto-criança para perscrutar sua corporalidade (relação criança-corpo), sua temporalidade (relação criança-tempo), a espacialidade (relação criança-espaço), sua mundaneidade (relação criança-mundo), sua linguisticidade (relação criança-língua).

Maurice Merleau-Ponty organizou princípios em seus *Cursos na Sorbonne* e, a partir das molduras existenciais por ele estabelecidas, há muito a ser feito, criado, questionado e desenhado na direção da fenomenologia da criança, inicialmente por meio da descrição observacional rigorosa. Isso não se dá pelo viés teórico, mas antes, pela experiência vivida compartilhada; assemelha-se a um caminho antropológico por buscar os contextos relacionais, entre adultos e crianças.

Tornar concreta e visível a fenomenologia da criança é responder a como as crianças vivem, quem são, como compreendem seu corpo, o tempo, o espaço, o mundo e a cultura compartilhada, incluindo a língua materna. Aqui, olhamos a criança mesma com os olhos, e não pelas lentes da teoria. No entanto, os dados de realidade compartilhada podem – e talvez devam – gerar novas teorias.

Forma-Conteúdo

A pergunta a ser respondida pela expressão forma-conteúdo, para pensar a fenomenologia da criança, seria: como falar da infância sem remeter-se à sua própria infância? Como discorrer sobre o brincar sem brincar? E assim por diante.

Inspirada no uso dos hifens presente na fenomenologia e mantido pelos tradutores para a língua portuguesa dos termos filosóficos criados pelos pensadores em outras línguas, passei a usar a expressão forma-conteúdo procurando unidade, desenhando a díade de palavras como uma coisa só.

Forma-conteúdo também se relaciona, em minha obra, àquilo que a pesquisadora mexicana Ileana Dieguez Caballero nomeia por "desmontagem" nas/das pesquisas em teatro: minhas formas-conteúdo são a comunicação do estado da arte de minha pesquisa (teatro e infância, dramaturgias do espaço, ensino do teatro), cujo conteúdo se transmite de maneira direta e irrevogável em sua forma.

A noção de forma-conteúdo solicita pesquisa cuidadosa e criativa nos modos de comunicar nosso trabalho, de tal modo que o conhecimento e a pesquisa em arte se integram a nosso texto performativo. Nessa chave, o texto performa: ele *é* forma-conteúdo.

Flor da Vida

Criei a expressão "Flor da Vida", desenhei uma flor-palito e uni os existenciais mundaneidade (cabo da flor), corporalidade, outridade, temporalidade, espacialidade, culpabilidade e linguisticidade (pétalas da flor). Fiz isso em minha tese de doutorado, defendida em 2007 na PUC-SP pelo programa de Psicologia da Educação (trabalho disponível na biblioteca virtual).

Nessa concepção, a corporalidade é uma pétala da Flor, e o ser-no-mundo, sua totalidade, não havendo separação entre nosso "eu" e os tempos, espaços, a língua mãe, o outro, e o mundo compartilhado. O regador da Flor da Vida é a responsividade adulta frente às crianças; o adubo é a solicitude.

Gesto Espontâneo

Aderi a essa expressão a partir da obra de Winnicott, considerado um otimista: crê no gesto espontâneo da criança, aquele que ocorre em sintonia relacional, no campo criativo, na assim chamada "área do consolo", lugar onde há uma aceitação da invenção e onde ninguém pergunta às crianças que brincam: "você criou ou encontrou este objeto?"

O gesto espontâneo é um dos passos da busca do psicanalista por uma "teoria da criatividade": há gesto espontâneo quando o ambiente relacional permite e facilita um fluxo de continuidade na direção da descoberta do mundo.

Aproximando-nos de Merleau-Ponty, diríamos que o gesto espontâneo revela uma comunicação direta e autêntica, pré-reflexiva, da criança consigo, com o outro e com o mundo.

Hibridismo

Hibridismo é palavra para designar mistura de processos, procedimentos, resultados provisórios; para nomearmos algo *entre* corpo e matéria, *entre* performance e cena, *entre* instalação, musicalidade e plasticidade etc. Misturas e não ortodoxia, ou seja, desapego a definições e molduras fixas das "linguagens artísticas" – colocadas, neste glossário e em minha obra, entre parênteses, de modo a dar lugar aos âmbitos artístico-existenciais.

Identidade Narrativa

Identidade narrativa é uma noção filosófica pensada e criada, cuidadosamente, ao longo da vida e obra do filósofo Paul Ricoeur – especialmente em sua trilogia *Tempo e Narrativa*, na qual o autor nos oferece essa "estrutura da experiência" do narrador de sua história de vida. Para ele nossas narrativas identitárias são contadas entre realidade e ficção. Assim pensada e imaginada, a identidade narrativa é especialmente interessante para o campo das artes, para pensarmos obras autobiográficas, autoetnografias, literatura e poesia a partir de memórias e fatos biográficos.

A possibilidade da mistura entre objetividade e subjetividade é um cerne importante da fenomenologia ao longo do século XX, um procedimento metodológico, e um modo de fazer que parte do princípio de que seria impossível nos descolarmos, ou nos isentarmos, de nossa capacidade para inventar e imaginar.

Imaginação

Em consonância com Winnicott, imaginação pode ser definida por aquilo que acontece quando visitamos, frequentamos, ocupamos o espaço potencial. Assim, a imaginação não é sinônimo nem de devaneio nem de fantasia, pois constitui um fenômeno relacional, entre pessoas, entre o campo subjetivo e o mundo compartilhado.

Em afinação com Merleau-Ponty, a imaginação é um dos modos de ser e estar no mundo, uma relação afetiva com as coisas, um modo de consciência emotiva, que não se dá por si mesma (ou seja, não é ensimesmada) – precisamos de contextos e situações para poder imaginar.

Já na chave de Ricoeur, a imaginação pode ser reprodutiva e ideológica, mas também pode ser produtiva e transformadora: aqui, eu e mundo somos encontro e invenção.

Mãe Suficientemente Boa

Essa expressão é fruto da tradução brasileira para *a good enough mother*, noção matricial da obra de Winnicott. Por mãe suficientemente boa, o psicanalista traduz a maternagem que não deseja ser perfeita nem tampouco negligencia as demandas do bebê; designa figuras maternas que estão atentas e solícitas, sem intervir diretamente na experiência da criança: a mãe concomitantemente ausente e presente, de modo que a criança possa viver a experiência de encontro com o mundo, sem precisar perguntar se ela o criou ou se o mundo já existia antes dela – pergunta que, se feita e respondida, estragaria a experiência primeira de ilusão criativa.

Mundos de Vida

Tenho usado essa expressão, emprestada da antropologia, como contraponto à (não) existência de um tal "mundo da criança", impenetrável pelo adulto. Os mundos de vida seriam feitos por contextos e situações nas quais as crianças estão mergulhadas em seus cotidianos, o que inclui a presença e a influência adulta, de outras crianças, bichos e coisas. Descrever os mundos de vida das crianças com as quais convivemos por meio de relatos do espaço, do tempo, do corpo, da língua mãe, do encontro com o outro é o cerne da fenomenologia da criança.

Musicalidade

A musicalidade é um modo de relacionar-se: consigo, com o outro, com o mundo. Ritmos, pulsações, intensidades, balbucios, gritos e sussurros, onomatopeias, blablações e especialmente a escuta do "som de fora de mim" (embora inicialmente não percebido absolutamente como "fora": não há um eu definido, não há contorno que me coloque no espaço corpo próprio ou no espaço do mundo compartilhado). Tudo isso constitui um território, um mapa, bem como um chamado para entrar e sair do campo da expressão e brincadeira.

A musicalidade é um vasto campo aberto, podendo configurar-se no canto e na aprendizagem de um instrumento, sendo importante lembrar que existem muitos jeitos de trilhar o caminho musical. Não será obrigatório ir na direção da técnica, sobretudo com as crianças de zero a cinco anos. O adulto que não possui a técnica para tal, ou seja, não domina a tradição da música instrumental ou do canto, é convidado a trabalhar com musicalidades: criações vocais e corporais, imitações, muita escuta, brincadeiras de karaokê, invenções de línguas, e assim por diante. Na perspectiva artístico-existencial, musicalidade pode ser sinônimo de sonoridades.

Não Representacionalidade

Este termo-chave para compreender a criança e seus anos iniciais nos diz algo, primeiramente, sobre a profunda adesão da criança ao outro, às coisas, ao mundo. Não há como, na tenra infância, "representar o mundo" – nem as coisas, nem a si – porque não há distanciamento para tal, para "ver-se de fora". A criança pequena não representa o mundo, ela o vive; ela não atua, mas presentifica no corpo: estados, situações, sentimentos-pensamentos. Segundo Merleau-Ponty, na pequena infância não há, ainda, pensamento "por pontos de vista".

Onirismo

O onirismo é uma palavra para aquilo que remete ao sonho e, para Merleau-Ponty, é parte intrínseca da capacidade infantil de habitar o mundo e compreendê-lo em uma atmosfera entre fantasia e realidade compartilhada. Um estado que leva a criança aos outros dois elementos-chave: o polimorfismo e a não representacionalidade – tríade proposta por Merleau-Ponty que revela o cerne da pequena infância.

O onirismo possui carga de pesadelo também – medo, ansiedade, terror – por encarnar um estado de presença longe da racionalidade ou da ordem factual.

Perspectiva Artístico-Existencial

Expressão criada por mim que une arte e existência e por meio da qual questiono a definição hegemônica de arte como linguagem. Nasceu imbricada na fenomenologia como método observacional da vida mesma, da definição das crianças como seres-no-mundo e suas possibilidades de habitar o espaço corpo próprio, os espaços povoados, a musicalidade e a teatralidade. Nessa visada, arte é um lugar.

Poética Própria

Considero a poética própria a marca de nossa pessoalidade. Traduz modos de ser, estar e fazer que nos delineiam, que nos deixam à vontade, perante os quais podemos dizer: neste campo, "estou sendo eu mesmo". Assim, há poética própria nos modos de expressão, de caminhar na rua, de cozinhar ou lavar louça, de brincar e de não brincar, de amar e ser amado…

No campo acadêmico, a poética própria pode ser concebida como o conjunto de características de um artista ou de um autor, renomado ou iniciante: traços, rabiscos, contornos, modos próprios de ser e estar no mundo, relação consigo e com o outro, em especial com a linguisticidade (relação eu-língua mãe) e com a artisticidade, em gesto e palavra enfim.

Uma autobiografia narrada na chave ficcional também pode ser sinônimo ou fiel tradução de poética própria.

Polimorfismo

A partir de um conceito freudiano – percepção da criança pequena como um perverso polimorfo – Merleau-Ponty opera sem adjetivação e nomeia o modo de ser e estar da criança de zero a cinco anos como polimorfismo: plástico, mutante, múltiplo, modo de expressar-se que perdemos na maturidade com a intelectualização, que retorna nos sonhos e pesadelos, bem como em situações em que, mesmo adultos, nos mostramos pré-reflexivos.

Realismo em Sentido Estrito

Chamo por realismo, em sentido estrito, uma concepção de mundo e de vida completamente esvaziada de imaginação e repleta de aridez, explicações do tipo causa e efeito e racionalismos. O realista não tem humor nem abertura para polissemia ou metáfora. Segundo Gaston Bachelard, todo realista é um avarento. Já Merleau-Ponty fez, nos *Cursos na Sorbonne*, uma dura crítica à análise de desenhos de crianças por adultos cujo foco é a chegada à "etapa" do grafismo realista. Merleau-Ponty considerou que um grande erro da pesquisa psicológica com crianças foi o realismo adulto e sua incompreensão do modo onírico, polimorfo e não representacional de ser e estar da criança pequena.

Redução Fenomenológica

A redução fenomenológica é um processo ligado ao método proposto pelos filósofos da fenomenologia para nos afastarmos de ideias prévias, julgamentos e juízos de valor; isso acontecerá por meio da descrição cuidadosa de visões de mundo – de nossas escolhas, nossos filtros e construtos. Ao reconhecer nossas ideias prévias, as colocamos entre parênteses, aproximando-nos das coisas mesmas, descrevendo-as com rigor, de modo compreensivo e cuidadoso. Disse Merleau-Ponty nos *Cursos na Sorbonne*: "segundo a fenomenologia, o 'por entre parênteses' ou 'redução' só interrompe minha relação ordinária e imediata com o mundo, e interrompe para vê-la e revelá-la". Para o filósofo, "o objetivo da redução é ensinar-me essa tese constante do mundo que pratico". Trata-se de colocar em suspenso as afirmações da atitude natural; "para ver o mundo e apreendê-lo como paradoxo, é preciso romper nossa familiaridade com ele".

Sensação de Sentir-se Real

Trata-se da tradução de *sense of feeling real* para o português brasileiro. Sentir-se real é, para Winnicott, parte crucial do mapa do desenvolvimento da criança que viveu um bom fluxo de maternagem e da apresentação do mundo. É a essência do verdadeiro *self*. Winnicott associa o sentimento de não se sentir real a uma intromissão na vida afetiva e psíquica das crianças, vivida como ruptura do processo de ser um eu para depois ter um eu. Não se sentir real aconteceria, assim, por meio de uma violenta experiência de descontinuidade, com quebra entre campo psíquico e concretude do corpo, cujo risco consistirá no engessamento precoce em um falso *self*.

Solicitude

No senso comum, solicitude significa interesse e atenção, boa vontade, desejo de atender da melhor forma possível a alguma solicitação. Gosto muito da palavra por ser sinônimo de *concern*, palavra muito usada por Winnicott. É algo vivido processualmente por meio da relação mãe-bebê e criança e adultos cuidadores.

Na perspectiva artístico-existencial, solicitude adulta será sinônimo de agachar-se para ir ao chão, onde a criança está; um tipo de disponibilidade que não é intromissão nem busca por solucionar o problema do outro; uma atitude que revela uma conexão com o que está acontecendo aqui e agora. É o oposto da indiferença.

Teatralidade

Cada autor, cada estética, cada época define o teatro a seu modo, com maior ou menor precisão e/ou afetação. Gosto do deslocamento do teatro, na busca de uma "riqueza em teatralidade". Para explicitar como penso a teatralidade, parto da escolha de um vocabulário comum à literatura, privilegiando o campo ficcional. O teatro contemporâneo, nessa visada, pode ser sinônimo de teatralidade, quando e onde instalam-se: um espaço cênico (que, no entanto, pode já estar lá, dado na dramaturgia dos espaços); um tempo ficcional ("agora eu era"...); uma corporalidade situada (personagem ou *performer*); e uma ação, um ato, um fazer – híbrido de gesto e palavra, também por vezes de imobilidade e silêncio.

Ao aproximar a noção de teatralidade da estética relacional (desenvolvida por Bourriaud), diluímos a obrigatoriedade de definir o que é teatro por meio da díade ator-espectador, escolha clássica que definiu espectador por "aquele que vê a ação" – e o teatro como "ação de ver".

Estaríamos todos, aqui e agora, envolvidos em uma "teatrosfera", uma nuvem ou neblina de teatralidade: riqueza intersubjetiva que já se encontra entre corpos, corações e mentes. É nessa chave que os espaços possuem dramaturgias, e esperam a sua ocupação pelos entes humanos, bichos e coisas.

A teatralidade já está ali, para ser encontrada e usufruída. E até mesmo descartada – abortada, esvaziada, inutilizada.

Verdadeiro e Falso Self

Winnicott concebe a existência de um verdadeiro e de um falso *self* em todos nós. O verdadeiro *self* pode ser criativo e é sinônimo de sentir-se real; constitui-se, ao longo do tempo, em fluxo de cuidados suficientemente bons e em um ambiente facilitador. O falso *self* é parte da necessidade de máscaras sociais, cotidianamente – ou seja, constitui nossa vida social e o que nomeamos de "boa educação". Se o verdadeiro *self* sofrer intromissão, julgamento, pressão exacerbada para ser o que não se é, pode acontecer de essa faceta prevalecer em nosso modo de ser e estar – defesa que, segundo o psicanalista, acontece para preservar o cerne do verdadeiro *self* .

O efeito da intromissão adulta na criança poderá ser uma intelectualização precoce ou um tipo de aquiescência ou submissão exacerbadas. O modo de ser e estar do falso *self* se torna dominante quando não há experiência de autonomia e integridade, com adultos impondo desejos e vontades na tenra idade da criança – revelando, assim, o que Winnicott chamou de falha ambiental (*environmental failure*).

O verdadeiro *self* é identificado com autenticidade, gesto espontâneo e com bebês confiantes, cuja vivência de mundo sintoniza com aquilo que a psicanálise nomeou de onipotência, mas que na obra de Winnicott é designado como ilusão, embora, paradoxalmente, o mundo do brincar imaginativo possua uma profunda relação conosco: casa, quintal, palco entre natureza e cultura, enraizamento nas possibilidades criativas e afastamento de um mundo sem invenção ou indiferente.

Work in Process [Obra em Andamento]

Um dos mais importantes pesquisadores brasileiros, que introduziu nas artes da cena, e na pesquisa acadêmica, a noção de *work in process* – brilhantemente explorada na literatura por James Joyce –, foi Renato Cohen. Em sua obra nos explica que seria usual dizer, inicialmente, *work in progress*, ou seja, trabalho em progresso (ou trabalho progressivo), o que pode gerar a expectativa de etapas e de sucesso no final... Já a expressão *work in process* homenageia, radicalmente, o processo, algo que não se acaba, revelando sempre a acontecência, o fluxo permanente.

Disse Álvaro de Campos, um dos heterônimos do poeta Fernando Pessoa: “Não me venham com conclusões! A única conclusão é morrer”.

Referências

visite as referências:
construa um roteiro de estudos,
amplie sua poética própria

AZEVEDO e CASTRO, Maria Gabriela. *Imaginação em Paul Ricoeur*. Lisboa: Instituto Piaget, 2002.

BACHELARD, Gaston. *A Terra e os Devaneios da Vontade / Ensaio Sobre a Imaginação das Forças*. São Paulo: Martins Fontes, 2016.

____. *A Poética do Devaneio*. São Paulo: Martins Fontes, 1996.

____. A Poética do Espaço. *Gaston Bachelard* (*Os Pensadores*). São Paulo: Abril, 1978.

____. VIDA E OBRA. *Gaston Bachelard* (*Os Pensadores*). SÃO PAULO: ABRIL, 1978.

BARBOSA, Ana Mae; CUNHA, Fernanda Pereira da (orgs.) *Abordagem Triangular no Ensino das Artes e Culturas Visuais*. São Paulo: Cortez, 2010.

BARBOSA, Pedro. *Metamorfoses do Real*. Porto: Afrontamento, 1996.

BARBUY, Santiago. *O Espaço do Encontro Humano*. São Paulo: ECE, 1980.

BARBUY, Santiago; SALÓ, Julia. *Terra, Água, Ar, Fogo: Para uma Oficina Escola Inicial*. São Paulo: ECE, 1977.

BELO, Ruy. *Obra Poética de Ruy Belo*. Oeiras: Presença, 1984. V. 1.

BETONI, Camila. Perspectivismo. *Infoescola*. Disponível em: <https://www.infoescola.com/>. Acesso em: set. 2022.

BISHOP, Claire. Antagonismo e Estética Relacional. *Tatuí*, Recife, n. 12, 2011.

BOURRIAUD, Nicolas. *Estética Relacional*. São Paulo: Martins, 2009.

CADERNOS DA REDE. *Percursos de Aprendizagens*: Práticas Teatrais. São Paulo: SME/DOT, 2011. Disponível em: <http://portal.sme.prefeitura.sp.gov.br/>. Acesso em: set. 2022.

CARERI, Francesco. *Walkscapes: O Caminhar Como Prática Estética*. São Paulo: Gustavo Gili, 2013.

____. *Caminhar e Parar*. São Paulo: Gustavo Gili, 2017.

CHEVALIER, Jean; GHEERBRANT, Alain. *Dicionário de Símbolos*. Rio de Janeiro: José Olympio, 1997.

COHEN, Renato. *Work in Progress na Cena Contemporânea: Criação, Encenação, Recepção*. São Paulo: Perspectiva, 1998.

DÁRIO JR., Ivan Rubens; SILVA, Luciana Ferreira da. A Escola Como Experiência: Entrevista Com Walter Kohan. *Revista Reveduc*, v. 12, n. 1, 2018. Disponível em: <https://www.reveduc.ufscar.br/>. Acesso em: set. 2022.

DAVIS, Madeleine; WALLBRIDGE, David. *Limite e Espaço: Uma Introdução à Obra de D.W. Winnicott*. Rio de Janeiro: Imago, 1982.

DOLTO, Françoise. *No Jogo do Desejo*. Rio de Janeiro: Zahar, 1984.

FEHR, Dennis E. Innovative Pedagogy in Art Education. In: KINCHELOE, Joe L.; STEINBERG, Shirley R. (eds.). *Unauthorized Methods: Strategies for Critical Teaching*. New York/London: Routledge, 1998.

FREIRE, Nita. Inédito Viável. In: STRECK, Danilo R.; REDIN, Euclides; ZITKOSKI, José (orgs.). *Dicionário Paulo Freire*. Belo Horizonte: Autêntica, 2017.

FREIRE, Paulo. *Pedagogia da Autonomia: Saberes Necessários à Prática Educativa*. São Paulo: Paz e Terra, 1996.

GIRARDELLO, Gilka. Imaginação, Arte e Ciência na Infância. *Pro-Posições*, Campinas, v. 22, n.2 (65), maio/ago. 2011.

GRONDIN, Jean. *Paul Ricoeur*. São Paulo: Loyola, 2015.

GUIMARÃES LOPES, Raul. *Clínica Psicopedagógica: Perspectiva da Antropologia Fenomenológica Existencial*. Porto: Hospital Conde Ferreira, 1993.

GULLAR, Ferreira. *Relâmpagos: Dizer o Ver*. São Paulo: Cosac Naify, 2003.

HADOT, Pierre. *Exercícios Espirituais e Filosofia Antiga*. São Paulo: É Realizações, 2014.

HANH, Thich Nhat. *Meditação Andando: Guia Para a Paz Interior*. Rio de Janeiro: Vozes, 2014.

____. *A Handful of Quiet. Happiness in Four Pebbles*. Berkeley: Plum Blossom /Parallax, 2012.

HARTMANN, Luciana; VELOSO, Graça (orgs.). *O Teatro e Suas Pedagogias: Práticas e Reflexões*. Brasília: Editora UnB, 2016.

LAROSSA BONDÍA, Jorge. Notas Sobre a Experiência e o Saber da Experiência. *Revista Brasileira de Educação*, Rio de Janeiro, n. 19, jan-abr. 2002.

KOHAN, Walter Omar; XAVIER, Ingrid Muller (orgs.). *ABeCedário de Criação Filosófica*. Belo Horizonte: Autêntica, 2009.

KOHAN, Walter Omar. Vida e Morte da Infância, Entre o Humano e o Inumano. *Educação & Realidade*, Porto Alegre, v. 35, n. 3, set./dez. 2010. Disponível em: <https://seer.ufrgs.br/>. Acesso em: set. 2022.

____. *Infância, Estrangeiridade, Ignorância: Ensaios de Filosofia e Educação*. Belo Horizonte: Autêntica, 2007.

____. Visões de Filosofia: Infância. ALEA, Rio de Janeiro, v. 17, n. 2, 2015.

LYOTARD, Jean-François. *O Inumano: Considerações Sobre o Tempo*. Lisboa: Estampa, 1997.

MACHADO, Marina Marcondes. Espiralidades: Arte, Vida e Presença na Pequena Infância. *Currículo Sem Fronteiras*, v. 20, n. 2. maio/ago. 2020. Disponível em: <https://www.curriculosemfronteiras.org/>. Acesso em: set. 2022.

____. *Fim do Infante: Três Processos Dramatúrgicos*. Rio de Janeiro: Circuito, 2018.

____. A Infância Como Improviso: Por uma Abordagem Espiral no Ensino de Artes Para Crianças. XXVII Congresso Nacional da Federação de Arte/Educadores do Brasil. Campo Grande, 2017. *Anais*... Campo Grande, FAEB, 2017. Disponível em: <https://faeb.com.br/>. Acesso em: set. 2022.

____. Infância É Corpo Encarnado: Uma Perspectiva Poético-Existencial Para o Ser Criança. *Childhood & Philosophy*, Rio de Janeiro, v. 12, n. 24, maio/ago. 2016. Disponível em: <https://www.redalyc.org/>. Acesso em: set. 2022.

____. Um Cemitério Vivo: Memória de Infância em Espiral Para Reativar a Experiência Estética. *Revista Digital Art&*, São Paulo, ano XIII, n. 18. out. 2016. Disponível em: <http://www.revista.art.br/>. Acesso em: set. 2022.

MACHADO, Marina Marcondes. Só Rodapés: Um Glossário de Trinta Termos Definidos na Espiral de Minha Poética Própria. *Revista Rascunhos. Dossiê Teatro e Escola: Ações e Reflexões*. Uberlândia, v. 21, n. 1, 2015. Disponível em: <https://doi.org/>. Acesso em: set. 2022.

____.Fenomenologia da Estátua Viva: Evidências da Teatralidade no Cotidiano da Criança. In: FIGUEIREDO, Ricardo Carvalho; PEREIRA, Ana Cristina Carvalho (orgs.). *Formação, Experiência e Criação: Curso Educação Infantil, Infâncias e Arte*. Belo Horizonte: UFMG/FaE, 2014. Disponível em: <http://infanciasearte.blogspot.com/>. Acesso em: set. 2022.

____. Arte, Fenomenologia e Infância. In: FIGUEIREDO, Ricardo Carvalho; PEREIRA, Ana Cristina Carvalho (orgs.). *Formação, Experiência e Criação: Curso Educação Infantil, Infâncias e Arte*. Belo Horizonte: UFMG/FaE, 2014. Disponível em: <http://infanciasearte.blogspot.com/>. Acesso em: set. 2022.

____. Fenomenologia e Infância: O Direito da Criança a Ser o Que Ela É. *Revista de Educação Pública*, v. 22, n. 49/1, 2013. Disponível em: <https://periodicoscientificos.ufmt.br/>. Acesso em: set. 2022.

____. Fazer Surgir Antiestruturas: Abordagem em Espiral Para Pensar um Currículo em Artes. *Revista E-curriculum*, São Paulo, v. 8, n. 1, 2012. Disponível em: <https://revistas.pucsp.br/>. Acesso em: set. 2022.

____. Teatralidades e Pequena Infância. In: BARROS, Mara Veloso de Oliveira Barros; RODRIGUES, Edvânia Braz Teixeira (orgs.). *O Ensino do Teatro na Contemporaneidade: Conceituações, Problematizações e Experiências*. Goiânia: Kelps, 2011.

____. A Fenomenologia da Infância e a Criança Mundocentrada. Entrevista. *IHU On-line – Revista do Instituto Humanitas Unisinos*, n. 378, out. 2011. Disponível em: <http://www.ihuonline.unisinos.br/>. Acesso em: set. 2022.

____. O Imaginário Infantil como Trabalho-em-Processo. *Childhood & Philosophy*, UERJ, v. 6. n. 12, jul./dez. 2010. Disponível em: <https://www.redalyc.org/>. Acesso em: set. 2022.

____. A Criança É *Performer*. *Educação & Realidade*, v. 35, n. 2, 2010. Disponível em: <https://seer.ufrgs.br/>. Acesso em: set. 2022.

____.Dez Passos Adultos na Direção da Criança *Performer*. VI Congresso de Pesquisa e Pós-graduação em Artes Cênicas, 2010. Disponível em: <http://www.portalabrace.org/>. Acesso em: set. 2022.

____. *A Flor da Vida: Sementeira Para a Fenomenologia da Pequena Infância*. Tese (Doutorado em Psicologia da Educação), PUC, São Paulo, 2007. Disponível em: <http://www.dominiopublico.gov.br/>. Acesso em: set. 2022.

____. *Merleau-Ponty & a Educação*. Belo Horizonte: Autêntica, 2004.

____. A *Poética do Brincar*. São Paulo: Loyola, 1998.

____. *Cacos de Infância: Teatro da Solidão Compartilhada*, São Paulo: Fapesp/Annablume, 1998.

____. *O Brinquedo-Sucata e a Criança: A Importância do Brincar, Atividades e Materiais*. São Paulo: Loyola, 1994.

MACHADO, Marina Marcondes; VILAS BOAS, Priscilla. Ensino do Teatro e da Dança Como Forma de Trabalho em Processo Junto a Crianças. IV Colóquio de Pesquisa Qualitativa em Motricidade Humana: As Lutas no Contexto da Motricidade. São Carlos, 2009. *Anais*... São Carlos, UFSCar, 2009. Disponível em: <http://motricidades.org/>. Acesso em: set. 2022.

MASSEY, Doreen. Sessão de perguntas após fala acerca do *Kilburn Manifesto*, 19 jun. 2013. Disponível em: <https://www.youtube.com/>. Acesso em: set. 2022.

____. *Pelo Espaço: Uma Nova Política da Espacialidade*. Rio de Janeiro: Bertrand Brasil, 2009.

MERLEAU-PONTY, Maurice. *Merleau-Ponty na Sorbonne: Resumo de Cursos – Filosofia e Linguagem*. Campinas: Papirus, 1990a.

____. *Merleau-Ponty na Sorbonne: Resumo de Cursos – Psicossociologia e Filosofia*. Campinas: Papirus, 1990b.

____. *Fenomenologia da Percepção*. São Paulo: Martins Fontes, 1999.

____. *Child Psychology and Pedagogy: The Sorbonne Lectures 1949-1952*. Evanston: Northwestern University Press, 2010.

MONTERO, Teresa; MANZO, Lícia (orgs.). *Clarice Lispector: Outros Escritos*. Rio de Janeiro: Rocco, 2005.

OHNO, Yoko. *Grapefruit: O Livro de Instruções e Desenhos de Yoko Ohno*. Tradução para o português disponibilizada em arquivo PDF por Giovanna Viana Martins e Mariana de Matos Pereira Barbosa (resultado de projeto de Iniciação Científica). Belo Horizonte: FAPEMIG/UEMG, 2008.

PARANGOLÉ. In: ENCICLOPÉDIA Itaú Cultural de Arte e Cultura Brasileiras. São Paulo: Itaú Cultural, 2021. Disponível em: <http://enciclopedia.itaucultural.org.br/>. Acesso em: jan. 2021. Verbete da Enciclopédia.

PESSOA, Fernando. *Ficções do Interlúdio: 1*. Rio de Janeiro: Nova Fronteira, 1980.

PETERSON, S.; COUTINHO, R.G. Abordagem Triangular: Ziguezagueando Entre um Ideário e uma Ação Reconstrutora Para o Ensino de Artes. *Revista GEARTE*, [S. *l.*], v. 4, n. 2, 2017. Disponível em: <https://seer.ufrgs.br/>. Acesso em: set. 2022.

PÉREZ, Fernando. Homenaje a Santiago Barbuy. *Revista de Diseño Industrial*. Lima, PUCP, mar. 2019.

RICOEUR, Paul. *O Único e o Singular*. São Paulo: Editora da Unesp; Belém: Editora da Universidade Estadual do Pará, 2002.

____. *O Si-Mesmo como Outro*. São Paulo: WMF Martins Fontes, 2014.

RODARI, Gianni. *Fábulas por Telefone*. São Paulo: Editora 34, 2018.

____. *O Livro dos Porquês*. São Paulo: Ática, 1996.

____. *Gramática da Fantasia*. São Paulo: Summus, 1982.

SARMENTO, Manuel Jacinto. As Culturas da Infância nas Encruzilhadas da Segunda Modernidade. In: SARMENTO, Manuel Jacinto; CERISARA, Ana Beatriz (orgs.). *Crianças e Miúdos: Perspectivas Sociopedagógicas da Infância e Educação*. Porto: Edições Asa, 2004. Disponível também em: <http://peadrecuperacao.pbworks.com/>. Acesso em: fev. 2023.

SCHAFER, Murray. *A Afinação do Mundo*. São Paulo: Editora da Unesp, 1997.

____. *O Ouvido Pensante*. São Paulo: Editora da Unesp, 1991.

SCHMITT, Mariana Ruiz Bertucci. *O Inumano em Lyotard: Rotas de Fuga dos Pressupostos Antropomórficos e Antropocêntricos*. Tese (doutorado). Universidade Federal de Santa Catarina, 2018. Disponível em: <https://repositorio.ufsc.br/>. Acesso em: set. 2022.

SIROTA, Règine. Emergência de uma Sociologia da Infância: Evolução do Objeto e do Olhar. *Cadernos de Pesquisa*, Fundação Carlos Chagas, São Paulo, n. 112, mar. 2001.

TURNER, Victor. *O Processo Ritual: Estrutura e Antiestrutura*. Petrópolis: Vozes, 1974.

WINNICOTT, Donald Woods. *O Brincar e a Realidade*. São Paulo: Ubu, 2019.

____. *A Criança e seu Mundo*. Rio de Janeiro: Zahar, 1982.

____. *The Maturational Processes and the Facilitating Environment*. London: Karnac Books/The Institute of Psycho-Analyses, 1990.

Agradecimentos

A Carminda Mendes André, pela disponibilidade e presença.

A Emilie Sugai, pela atenção, paciência e cumplicidade com os textos criativos.

Aos colegas da graduação em teatro da UFMG.

A Ivy Senne Costa que, mesmo à distância, cuidou primorosamente de cada momento do processo de meu pós-doutoramento no Instituto de Artes da Unesp, cujo resultado é este livro.

Ao Zeca (José Moura Gonçalves Filho), amigo de infância e que tornou-se psicanalista, por ter lido, comentado e melhorado os verbetes do Glossário que trazem noções e conceitos winnicottianos.

FSC
www.fsc.org
MISTO
Papel produzido
a partir de
fontes responsáveis
FSC® C133282

Este livro foi impresso na cidade de São Bernardo do Campo,
nas oficinas da Paym Gráfica e Editora, em maio de 2023,
para a Editora Perspectiva.